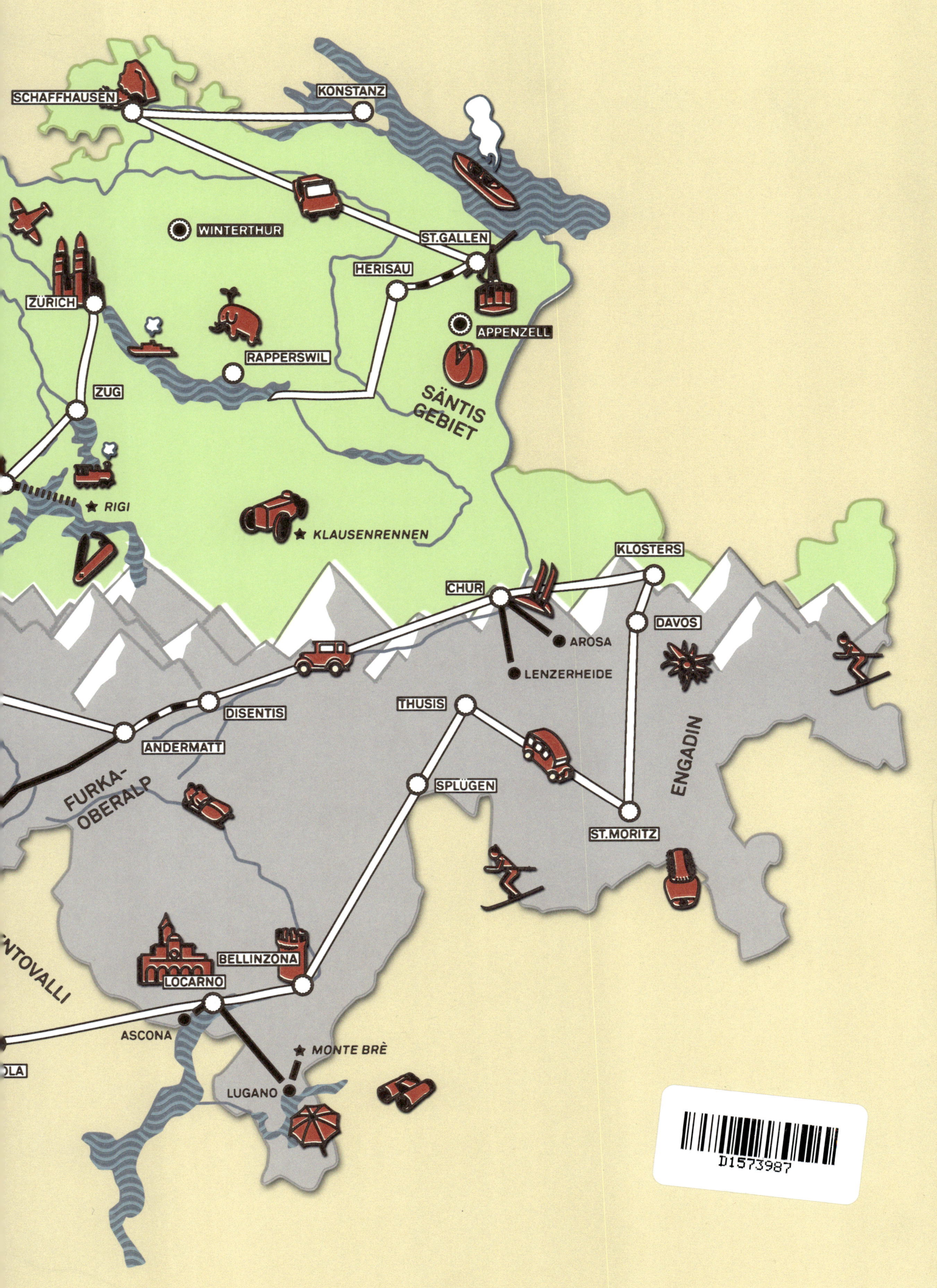

WALDE + GRAF

TOUR DE SUISSE

EINE NOSTALGISCHE REISE ZU DEN SCHÖNSTEN PLÄTZEN DER SCHWEIZ

Auf bekannten Wegen ein Land zu bereisen, das es so nicht gibt, bedeutet Abenteuer und Wagnis. Und deshalb stellt dieses Buch dem Sehnsuchtsreisenden neben farbenprächtigen Illusionen allerlei Informationen zur Seite. Mögen sie ihm Hilfe und Orientierung bieten und einen lehrreichen und angenehmen Aufenthalt ermöglichen.

VORWORT

Die Schweiz ist das ideale Ferienland und stellt — in mehr als einer Hinsicht — eine Synthese des Besten dar, was Europa zu geben hat. Das Land bietet ein Höchstmass an landschaftlicher Schönheit und Erholungsorten, an Gelegenheit zu sportlicher Betätigung und an vielen anderen Reizen. Vor allem aber ist es ein Musterstaat.

Der Besucher ist angenehm berührt von der Gastfreundlichkeit der Schweizer, die seine Bedürfnisse und Wünsche zu erraten scheinen. Und er erhält einen Eindruck von der Sauberkeit, die auf allen Gebieten sichtbar ist: in den Häusern und Wohnungen, in den industriellen Betrieben und in den Staatsgeschäften.

Es wird oft behauptet, die Schweiz sei ein teures Land. Vielleicht war dies vorübergehend richtig. Die jüngste, fast allgemeine Steigerung der Lebenshaltungskosten hat sich in der Schweiz weniger als in anderen europäischen Ländern ausgewirkt. Auch mit bescheidenen Mitteln kann man hier schöne Ferien verbringen, weil der Besucher sofort nach seiner Ankunft genau weiss, woran er sich zu halten hat. Das Schweizerische Hotel- und Touristikgewerbe ist so gut organisiert und die verlangten Auskünfte werden mit so klarer Eindeutigkeit erteilt, dass keinerlei Zweifel mehr über die Kosten des Aufenthalts herrschen kann. Von einer Rupferei fremder Besucher ist hier keine Rede, da die Touristikindustrie auf gesunden und ehrlichen Grundlagen beruht.

Es gibt (also) vielerlei Gründe, die die Menschen aus aller Welt dazu veranlassen, die Schweiz zu besuchen. Die einen suchen Ruhe und Erholung, andere wollen Skifahren und Bergsteigen, wieder andere reizt das gesellschaftliche Leben der berühmten Kurorte. Zweifellos fühlt der Mensch sich gehoben, wenn er auf Skiern die Abfahrt hinunterbraust, auf der Ali Khan sich einst das Bein brach, und falls er das gleiche Pech hat, ist er wenigstens in vornehmer Gesellschaft. Manche Leute fahren in die Schweiz, weil sie als ein sauberes, freundliches und friedliches Land bekannt ist, einige wenige aber auch, weil sie dumpf ahnen, dass sie etwas versäumen würden, wenn sie dieses einzigartige und einmalig schöne Land nicht gesehen hätten.

Doch welcher Grund auch der Anlass zur Reise gegeben haben mag, ein Reiseführer wie der vorliegende kann eine gewisse Hilfe bedeuten. Einen Reiseführer zu haben, ist in keinem Land ein absolutes Muss. Er hat ungefähr die gleiche Funktion wie ein Feldstecher beim Pferderennen. Man kann das Rennen ohne Feldstecher genauso gut geniessen und auch ebensoviel Geld verlieren; aber die weitere, bessere Sicht, die man mit seiner Hilfe hat, erhöht die Begeisterung, die Aufregung, den Ärger und die Verzweiflung, eben alle Gefühle, um derentwillen man zum Pferderennen geht. Ähnlich ist es mit dem Reisen. Man kann das Matterhorn und das Jungfraujoch, das Engadin oder Basel, Murten oder den Rhone-Gletscher betrachten und ihre sichtbaren Schönheiten, ohne viel zu fragen, in sich aufnehmen. Dabei wird man aber die nicht ins Auge fallenden Aspekte übersehen und manches schönen oder

einmaligen Anblicks verlustigt gehen. «Sie waren in Gsteig?», fragt ein anderer Reisender. «Da sind Sie doch sicher über den Col du Pillon gekommen?» «Nein», sagt der führerlose Reisende traurig, «davon wusste ich nichts.» Die richtige Benutzung des Reiseführers kann eine Reise durch die Schweiz erleichtern und lohnender machen. Dabei soll er nicht etwa wie die Heilige Schrift befolgt werden, eher soll er als ein anregender Freund wirken, als ein Beihelfer vor und während der Tat, sogar auch nach der Tat, denn mit seiner Hilfe kann man den weniger glücklichen Daheimgebliebenen nach der Rückkehr das Gesehene in lebendigen Farben schildern.

Frühjahr 2010 　　　　　　　　　　　　　　　　　　　　　　　　　　　　　　　　　WALDE+GRAF

Tour de Suisse

Tour de Suisse
Eine nostalgische Reise zu den
schönsten Plätzen der Schweiz
ca. 128 Seiten
ca. 80 farbige Abbildungen
24 × 33 cm
gebunden
Euro 44,80 [D] / 46,20 [A]
CHF 68,—
ISBN 978-3-03774-001-9
Erscheint im März 2010

Englischsprachige Ausgabe:
ISBN 978-3-03774-012-5
Erscheint im Herbst 2010

Eugen Fodor (auch Eugene Fodor) wurde 1905 in Ungarn geboren und starb 1991 in Torrington (USA). Er studierte Volkswirtschaft in Prag, Grenoble und Hamburg. Danach arbeitete er zunächst als Übersetzer für eine französische Reederei und schrieb in seiner Freizeit Reiseartikel für verschiedene Tageszeitungen. In den 1930er Jahren war er als Auslandskorrespondent in Prag und London tätig. 1936 erschien mit «On the Continent – The Entertaining Travel Annual» sein erstes Buch. Der unkonventionelle Reiseführer wurde in Europa und den USA ein Bestseller. 1942 zog Fodor in die USA und nahm die amerikanische Staatsbürgerschaft an, kehrte aber 1949 nach Europa zurück und gründete in Paris den Verlag «Fodor`s Modern Guides», heute ein Imprint der Verlagsgruppe Random House.

Ist es ein Plakatbuch? Ist es ein Reiseführer? Ist es ein Bilder- oder Geschichtsbuch? Es ist von alledem ein wenig und doch viel mehr. «Tour de Suisse» ist eine farbenfrohe, grossformatige, romantisch nostalgische Reise zu den schönsten Plätzen der Schweiz: **St. Moritz**, **Davos**, **Arosa**, das **Berner Oberland**, **Genf** und **Lausanne**, das **Tessin** oder die Metropole **Zürich**, sind nur einige Stationen dieser unvergesslichen Rundreise.
Die Höhepunkte aus vier Jahrzehnten (1920–1960) Schweizer Plakatkunst verbinden sich in diesem Buch spielerisch mit den historischen Reiseführertexten von Eugene Fodor — einem der erfolgreichsten Reiseautoren jener Tage — zu einer Sehnsuchtsreise in die Schweiz unserer Grosseltern und Eltern: Dolce Vita und Alpenglühen, weltgewandtes Flanieren und sportlicher Übermut: in diesem Buch feiern die Ferienträume vergangener Tage ihre Auferstehung.

 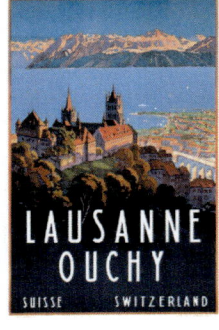   

Leslie Schnyder　　　　　　　　　　Blumenweg 8　CH-6003 Luzern　　　　Fax +41 (0)41 220 08 66
Schnyder.Kommunikation　　　　　　Telefon +41 (0)41 220 08 65　　　　　ls@waldegraf.ch

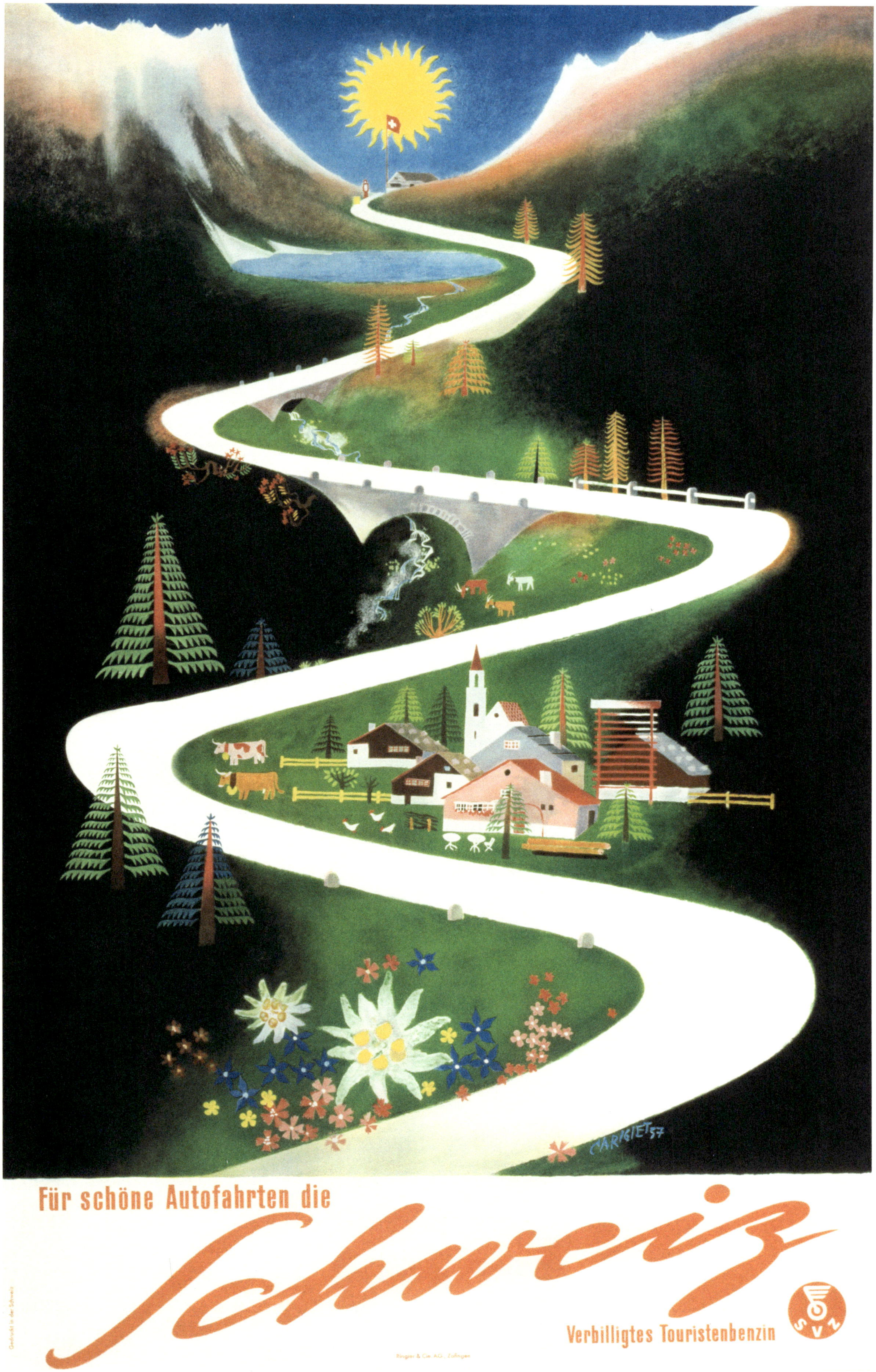
CARIGIET 57
Für schöne Autofahrten die
Schweiz
Verbilligtes Touristenbenzin
SVZ
Ringier & Cie. A.G., Zofingen

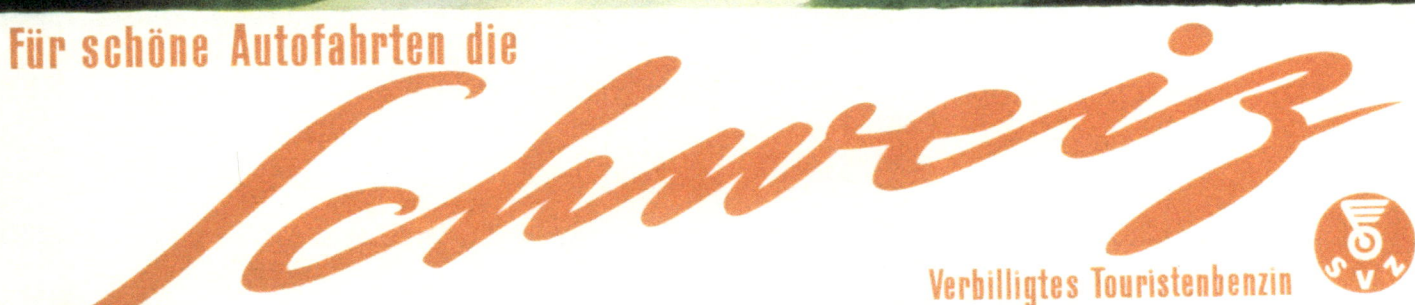

Reisevorbereitungen

Reisezeit

Die Schweiz bietet infolge ihrer klimatischen Verhältnisse zu jeder Jahreszeit besondere Reize und kann von Januar bis Oktober hinein bereist werden. Januar und Februar, bei günstigem Wetter auch noch der März, gehören dem Wintersport. Im April und Mai sowie im September und Oktober wird man am zweckmässigsten die oberitalienischen Seen und den Genfer See besuchen. Mitte Mai beginnt die Hauptreisezeit für die voralpinen Gebiete (Bodensee, Zürichsee, Vierwaldstätter See usw.). Viele Bergbahnen und Autoposten eröffnen dann ihren Betrieb. Die Monate Juni bis September sind die beste Reisezeit für das Hochgebirge und für Hochtouren. Bergbahnen und Autoposten verkehren voll, und alle Gasthöfe sind geöffnet. Der Herbstbesuch gilt wieder den südlichen Gebieten. November und Dezember sind im allgemeinen für eine Schweizreise ungünstig. Die hochgelegenen Kurplätze der Schweiz mit ihrer reinen, trockenen Luft und starken Sonnenbestrahlung im Winter sind wahre Gesundbrunnen besonders für die an Asthma, Rheumatismus oder Lungentuberkulose erkrankten.

Reisekosten

Die Reisekosten richten sich nach den Ansprüchen des Einzelnen und nach der Gegend. Fussgänger mit bescheidener Lebensweise können mit 15 Fr. täglich (ausser Transportmitteln, Führern usw.) allenfalls auskommen. Im Durchschnitt werden 20—25 Fr. täglich reichen. Vor- und Nachsaison sind billiger.

Reiseausrüstung

Die Kleidung soll derart gewählt sein, dass rasche Temperaturwechsel den Gesundheitszustand nicht beeinträchtigen können; den besten Schutz bieten wollene Unter- und Oberkleider, weiche Strümpfe aus Schaf- oder Ziegenwolle; für empfindliche Füsse ist ausserdem eine Sohleneinlage zu empfehlen. Wettermantel, leichter Filzhut, Handschuhe und Rucksack sind selbstverständliche Bestandteile der Ausrüstung. Die Schuhe sollen gut ausgetreten sein und den Zehen nach vorn viel Raum lassen; für Bergtouren ist eine kräftige Benagelung unentbehrlich. Die Kleidung des Wintersportlers wird von der auszuübenden Sportart beeinflusst. Skifahrern sei besonders der Norweger-anzug mit Norweger-Skimütze empfohlen.

Reisegepäck

Grösseres Gepäck (Koffer u. dgl.), das als Handgepäck nicht in Frage kommt, sendet man am besten mit der Post (poste restante) oder mit der Bahn voraus. Im schweizerischen Inlandsverkehr ist bei Gepäckstücken unter 15 kg die Beförderung mit der Post meist billiger. Kleines Gepäck, vor allem Handkoffer mit einem zweiten Anzug, Wäsche u.a., führe man als Handgepäck bei sich. Alle Gepäckstücke versehe man aussen und innen mit fester Adresse!

Zoll

Die Zolluntersuchung des Reisegepäcks findet bei der Einreise in die Schweiz statt. Die Revision sämtlichen Gepäcks erfolgt im Beisein des Besitzers: das Handgepäck hat der Reisende selbst vorzulegen; das am Heimatort aufgegebene Passiergut wird durch die Bahn herbeigebracht (Gebühr für jedes Handgepäckstück). Meldet sich der Besitzer nicht zur Revision, so bleibt das Gepäck (auf eigene Gefahr des Reisenden) liegen.

Verzollung

Zollfrei sind bei der Einreise alle zum persönlichen Gebrauch bestimmten Reiseeffekten, zwei photographische Apparate mit zwölf Platten oder zwei Filmpacks, ferner Proviant und Tabak, soweit die Menge dem Tagesverbrauch einer Person gleichkommt.

Zollabfertigung der Automobile und Motorräder

Für die Einreise mit Automobil und Motorrad sind Reisepass und der Internationale Fahrausweis erforderlich; wer nicht in Besitz dieser Dokumente ist, wird an der Grenze zurückgewiesen. Wer nur diese Ausweise besitzt, muss eine Zollkaution hinterlegen. Die Summe beträgt a) bei Automobilen von weniger als 800 kg Gewicht 110 Fr. je 100 kg

von 800 – 1200 kg — 130 Fr.: von 1200 – 1600 kg — 150 Fr.: von mehr als 1600 kg — 170 Fr.: b) bei Motorrädern 1,50 Fr. je 1 kg. Die Zollämter nehmen nur bares Geld oder Kautionsbescheinigungen von ihnen bekannten Schweizer Firmen als Depot an. Die Kaution wird bei der Rückreise auch von jedem anderen Zollamt wieder ausgezahlt. Treibstoffe in fest eingebauten Tanks sind Zollfrei.

Zollabfertigung der Fahrräder

Beim Grenzübergang ist für jedes Fahrrad ein Zoll von 25 Fr. zu hinterlegen; der Betrag wird bei der Ausreise gegen Vorlegung des Kontrollscheins oder des Freipasses und Vorzeigen des Rades wieder ausgehändigt.

Das Photographieren in der Nähe von Befestigungen und Grenzgebieten ist untersagt. Anschläge in den Gasthöfen geben genaue Auskunft. Es empfiehlt sich, in solchen Gebieten die Kamera in Packpapier verpackt mit sich zu tragen, um Unannehmlichkeiten zu entgehen. Auch vermeide man dort den Gebrauch von Ferngläsern und Spezialkarten.

—

↑ Deutschland   Delémont 37 km →

Basel

Basel ist eine sehr schöne Stadt. Sie hat eine besondere Atmosphäre, die ihr ganz eigen ist, und in der mittelalterliche Elemente und moderne Geschäftigkeit sich zu einer überraschend glücklichen Verbindung zusammenfinden. Dass die Basler ein fröhliches Völkchen sind, beweist ihr alljährlicher Karneval, der dem weiter unten am Rhein kaum nachsteht. Sie haben im Charakter manches mit den Bayern gemeinsam, einen gewissen kernigen Humor, eine gesunde Herzlichkeit. Ihren schlagfertigen Witz kann allerdings nur geniessen, wer den Dialekt beherrscht. Und freundlich sind die Basler, vielleicht die freundlichsten Leute in der ganzen Schweiz. In Basel können Sie in einem der Cafés im Freien sitzen und die Leute an den anderen Tischen werden Ihnen freundlich zulächeln. Ein Kopfnicken, ein kurzer Gruss genügen, um eine Bekanntschaft anzubahnen.

Um etwas von der eigenen Atmosphäre einzufangen, muss man sich in eines der Cafés am Rhein setzen und von der Terrasse aus auf den breiten internationalen Strom blicken, man muss auf dem rechten Ufer den Rheinweg entlang bummeln, wo die uralten Häuser sich aneinanderreihen.

Die Altstadt zieht sich zum Spalentor hin, dem einzigen erhaltenen Stadttor. Um den Bahnhof herum liegen die grossen modernen Geschäftshäuser, wo Versicherungsgesellschaften, die ‹Basler Nachrichten›, das Kasino und viele moderne Geschäfte ihren Sitz haben. Basel hat auch den grössten Zoo der Schweiz, in dem man sich an einem faulen Nachmittag recht gut unterhalten kann.

Gastlichkeit

Der Schweizer ist Fremden gegenüber mit seiner Gastfreundschaft nicht eben verschwenderisch. Er sucht sich die Leute aus, die er in sein Heim einlädt, und die Beziehungen bleiben meist ziemlich konventionell. Dagegen wird der Kontakt mit der Verwandtschaft bis in das entfernteste Glied sorgfältig gepflegt.

Das gesellige Leben spielt sich zum grössten Teil ausserhalb des Heims, im Café und im Restaurant, ab. Am Sonntagnachmittag treffen die Männer über 40 sich gern zum Kartenspielen im Café; ihre Frauen dürfen sich etwas später dazu gesellen.

—

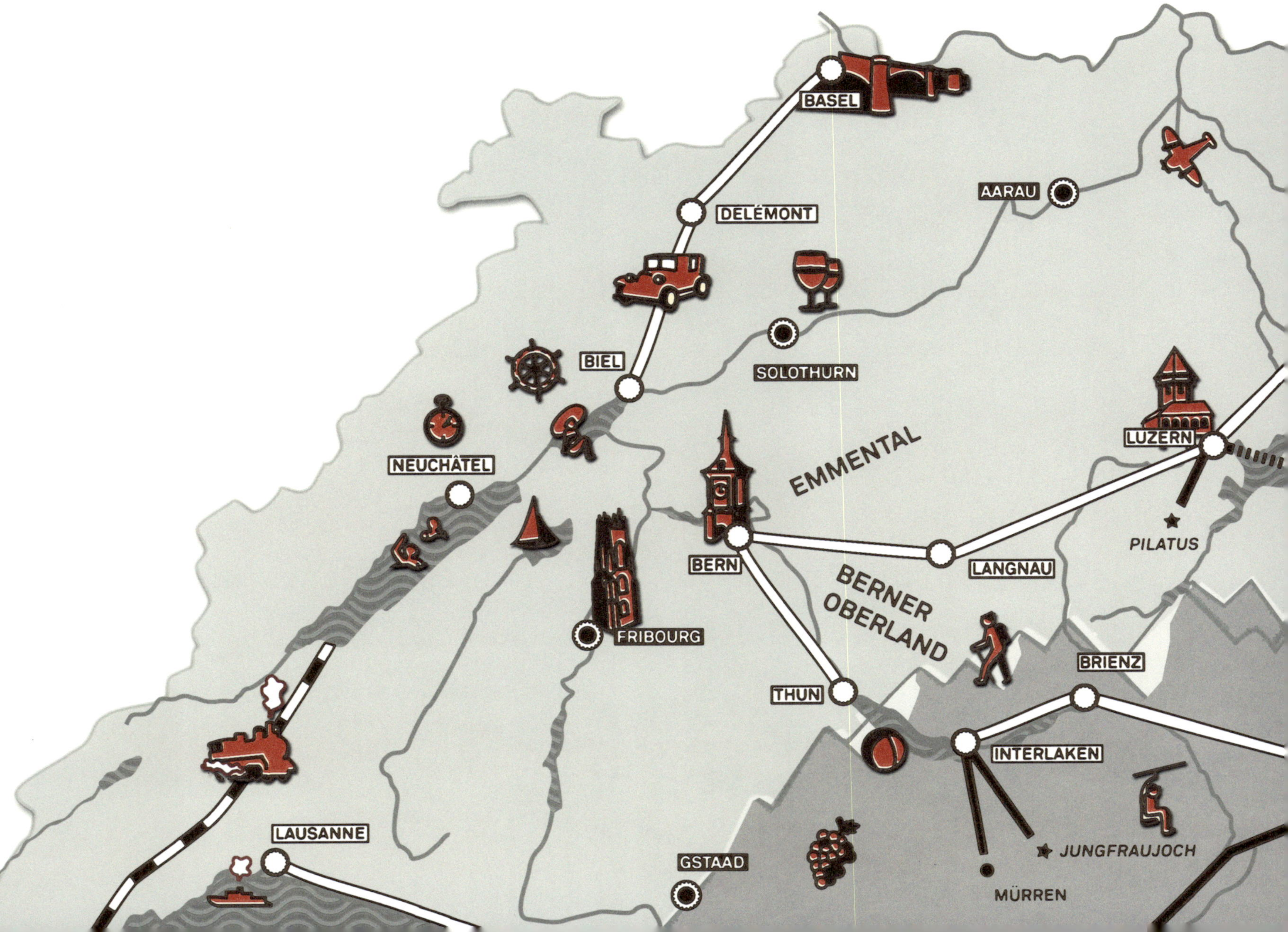

← 38 km Biel   Genf 123 km →

NEUCHÂTEL

Neuchâtel ist eine wohlhabende Stadt, aber sie ist weder heiter noch besonders gross. Mit ihren 35'000 Einwohnern strömt sie eine fast versteinerte Vollkommenheit aus. Im unteren Teil der Stadt, am Rande des ruhigen Seeufers, stehen an breiten Alleen imposante gelbe Sandsteingebäude und zeigen eine Art würdevolle Pracht im Taschenformat. Die oberen, alten Viertel der Stadt liegen rund um die Stiftskirche, und auch hier atmet alles ungestörte Selbstzufriedenheit. Neuchâtel fällt es offensichtlich schwer, seine aristokratische Vergangenheit, seine einstigen Beziehungen zu Fürsten und regierenden Häusern zu vergessen. Der preussische Einfluss hat jedoch nicht die geringste Spur hinterlassen, und die Bürger sind sehr stolz darauf, dass sie das ‹beste Französisch› der ganzen Schweiz sprechen. Auf Grund dieses Vorzugs wurden zahlreiche Schulen und Pensionate errichtet, und Neuchâtel geniesst einen guten Ruf als Erziehungszentrum.

Das Hauptinteresse der Bevölkerung gilt der Uhrenindustrie.

Das ist der Hintergrund, vor dem die Männer und Frauen Neuchâtels sich bewegen. Die Liebe zu den kleinen Dingen, zur Präzision ist ihnen als Erbe mitgegeben. Natürlich ist nicht jeder ein Uhrmacher. Es gibt auch Bauern und Weingärtner. Aber die Wissenschaft der Uhrmacherei ist die Quelle, aus der Kanton und Stadt Neuchâtel ihr Einkommen und ihren Wohlstand beziehen.

Am Fusse des Jura nach Osten gelegen, ist Neuchâtel ein Belvedere, von dem aus der Blick über die Hochebene die ganze Kette der Zentralalpen umfasst, von der majestätischen Mont-Blanc-Gruppe in Savoyen bis zu den Gipfeln des Berner Oberlandes.

Genf

Wer mit dem Wagen aus dem Südwesten, von Aix-les-Bains und Annécy her, in die Schweiz kommt, rollt bei St. Jean oder Collonges direkt nach Genf hinein. Wenn er den Verlockungen der Savoyer Alpen nicht widerstehen konnte, kommt er über das anspruchslose französische Grenzstädtchen Annemasse. Wer jedoch auf dem Luftweg reist, landet auf dem interkontinentalen Flugplatz Cointrin, der der Stolz Genfs ist. Doch von welcher Seite man auch kommen mag — man sieht plötzlich die vielgepriesenen und besungenen Wasser des Genfer Sees vor sich liegen. Der Genfer See hat noch einen zweiten Namen; die Bevölkerung von Waadt, dessen Hauptstadt, Lausanne, ebenfalls an den Ufern des Sees liegt, nennt ihn mit halsstarriger Ausdauer ‹Lac Léman›. ‹Der See gehört nicht nur den Genfern, sondern auch uns!›, sagen die Lausanner. Zwischen den beiden Städten besteht eine ständig wachsende Rivalität.

Als drittgrösste Stadt der Schweiz schmiegt Genf sich mit seinen etwa 150'000 Einwohnern gemütlich um den untersten Zipfel des Sees, mit dem Blick nach Osten. Die Stadt hat Platz genug für breite Alleen und grosszügige Parkanlagen, und sie bietet einen würdigen Hintergrund für den Ausfluss der Rhone aus dem See, die von hier ihren Lauf in das Mittelmeer nimmt.

... Wenn Sie in einem der Cafés an den Genfer Quais im Freien sitzen, können Sie die grosse Welt an sich vorüberziehen lassen. Auffallende, gutangezogene Männer und elegante Frauen aus allen Ländern der Welt schlendern vorbei. Man bekommt das Gefühl, wenn auch nur für einen Augenblick, dass man am Ausgeben der Steuergelder aus aller Welt teilhaben darf.

Gegenwärtig dreht sich das Leben der Stadt um die europäische Organisation der Vereinten Nationen und das Internationale Arbeitsamt sowie ihre Unterabteilungen. Die Preise sind enorm gestiegen. Nur höchste internationale Beamte können es sich leisten, möblierte Zimmer oder Häuser zu mieten. Die Geschäftsleute ziehen es vor, die Ansprüche der höchsten Einkommensklassen zu befriedigen. Nachtklubs und Kabaretts, Konzerte, Theater und Vorträge aller Art dienen ihrer Unterhaltung.

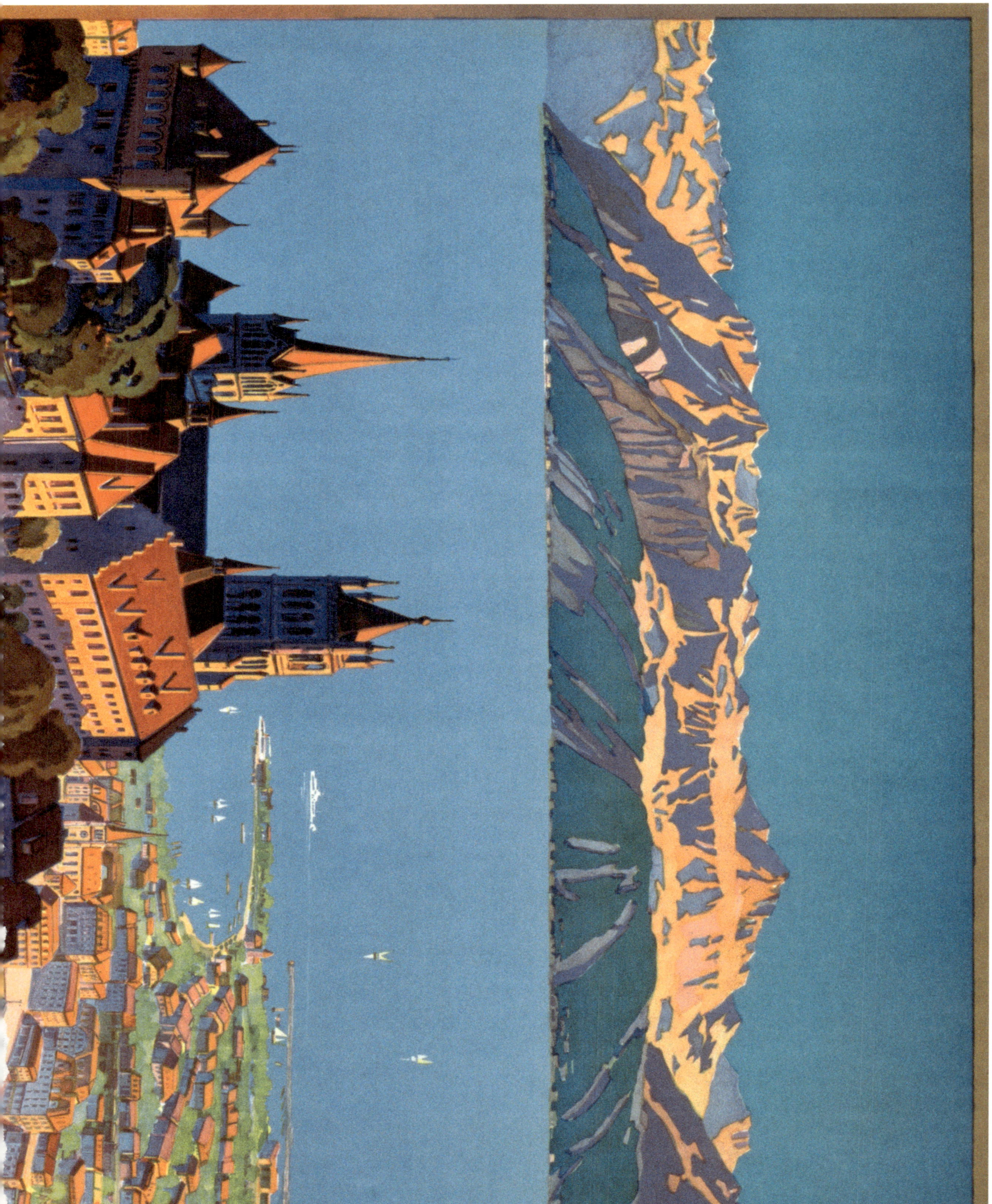

LAUSANNE OUCHY

SUISSE · SWITZERLAND

LAUSANNE OUCHY

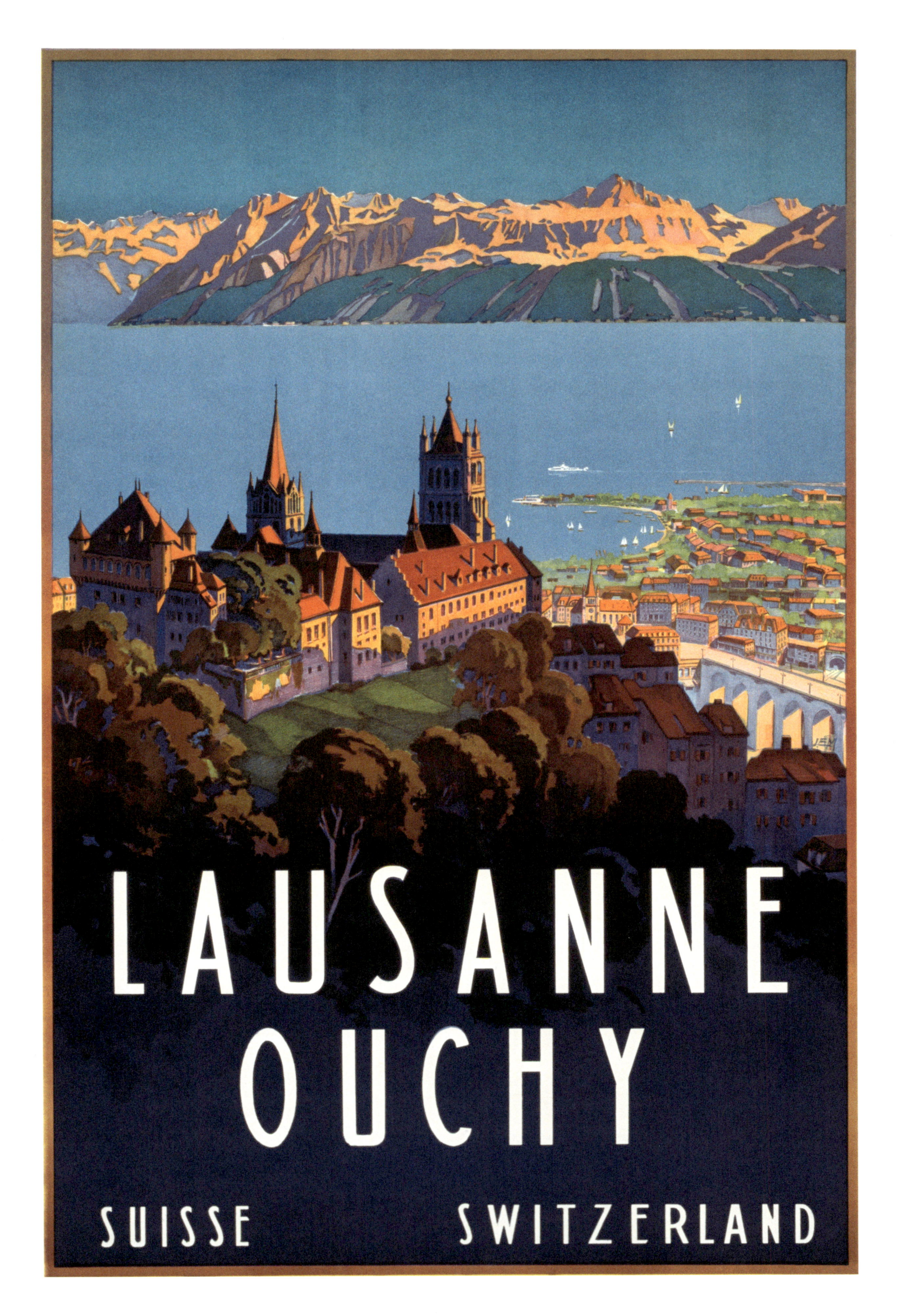

SUISSE SWITZERLAND

← 63 km Genf   Montreux 29 km →

Lausanne

Knappe 35 Minuten Bahnfahrt entfernt liegt am nördlichen Ufer des ‹Lac Léman› Lausanne, Hauptstadt des Kantons Waadt (Vaud), die sich kürzlich den ebenso anspruchsvollen wie vielversprechenden Beinamen <u>‹Die Schweizer Stadt der Zukunft›</u> gegeben hat. Die Lausanner weisen stolz auf ihre ständig wachsende Einwohnerzahl hin — sie ist im vergangenen Jahrzehnt sprunghaft von 90'000 auf 115'000 angestiegen —, auf ihre vielen Neubauten, Sportplätze und öffentlichen Einrichtungen.

Das unbekümmerte Vorgehen und die Planlosigkeit bei der Errichtung der Neubauten hat das architektonische Bild der Stadt leider ziemlich verdorben. Ein einziger ‹Wolkenkratzer› (22 Stockwerke auf der einen Seite, 14 auf der anderen, denn er steht am Berghang) bildet einen krassen Kontrast zur Kathedrale auf dem Kamm des Berges. Die malerischen, wenn auch — zugegebenermassen — unhygienischen Gassen und Alleen werden rücksichtslos eingerissen, um modernen Strassen Platz zu machen. Nur der Kern der Altstadt, rund um die Kathedrale, bleibt erhalten. Die Lausanner zeigen sich wenig sentimental und reissen die Erinnerungen an die ‹alte Welt› kurz entschlossen ein, wenn es dem Geschäft förderlich ist. Lausanne ist eine Stadt der grossen Höhenunterschiede; sie steigt vom Seeufer bei Ouchy in Stufen bis auf die Höhe der Berge an. …

Genève
Ouchy-
Lausanne
Montreux
Vevey
Evian-les-Bains
Thonon

lithos A. Marsens
Lausanne
(Suisse)

Compagnie Générale de Navigation
sur le
Lac Léman
LAKE OF GENEVA - GENFERSEE
(LIGNE DU SIMPLON)

CASINO
MUNICIPAL DE MONTBENON
LAUSANNE

LITHOS A. MARSENS, LAUSANNE

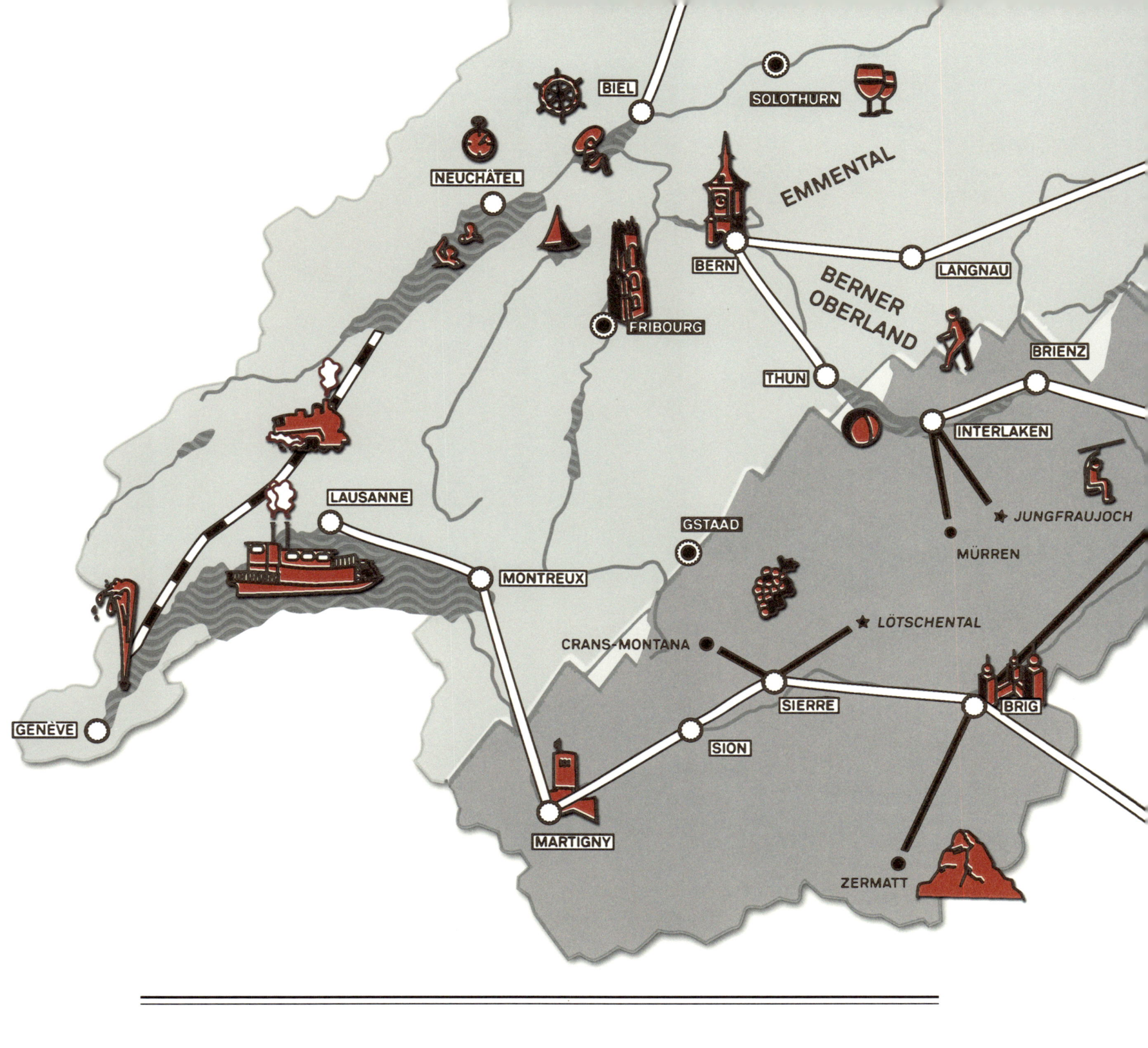

Trotz der vielen Hoheiten und hervorragenden Persönlichkeiten, die Lausanne zu ihrem Wohnsitz erkoren haben, wird der allgemeine Charakter der Stadt heute noch stark durch die bäuerliche Abstammung der Bevölkerung bestimmt. Viele der führenden Geschäftsleute sind Nachfahren der französischen Hugenotten des 17. Jahrhunderts. In Lausanne gab es nie eine Oligarchie wie in Freiburg, Genf oder Neuchâtel, und man legt deshalb weniger Wert auf den guten Stammbaum. Ein alter Bauernhof oder ein kleines Weingut als Familiensitz wird fast höher geschätzt als ein Schloss.

LAUSANNE-OUCHY
PLAGE
SUISSE SWITZERLAND

BERGBAHNEN VON MONTREUX UND TERRITET NACH GLION, CAUX, JAMAN UND
ROCHERS DE NAYE
OB MONTREUX (SCHWEIZ) HÖHE 2045 M.Ü.M.

S.M.C
SIERRE - MONTANA - CRANS
Sierre - Crans - Bella-lui
500 M.
1500 M.
2500 M.
VALAIS
SUISSE * SCHWEIZ * SVIZZERA * SWITZERLAND
LITH. KLAUSFELDER S.A. VEVEY
PRINTED IN SWITZERLAND

← 29 km Martigny   Sierre 17 km →

Sion

Sion hat den Reiz eines mittelalterlichen Städtchens, denn die Simplonautostrasse wurde darum herumgeführt. Seine alten Strassen zeugen von der Farbenpracht und Herrlichkeit der weltlichen und kirchlichen Macht früherer Jahrhunderte. Heute ist Sion hauptsächlich Umschlagplatz für die Produkte seines landwirtschaftlichen Hinterlandes, das mit gutem Profit Obst, Gemüse und Wein erzeugt. Erdbeeren und Spargel aus dem Wallis werden auf dem Luftweg in die Markthallen von Paris und London geschickt, wo sie taufrisch ankommen. Die Walliser Aprikosengärten sind ein herrlicher Anblick, wenn sie im April in Blüte stehen, und die Weingärten bringen einen der köstlichsten Tropfen der Schweiz hervor.

Aber das Wallis ist nicht nur ein fruchtbares Land. Es hat einsame Hochgebirgstäler, Felsen und reissende Gebirgsbäche. Die Rhone ist eine ständige Gefahr, da sie oft über ihre Ufer tritt. Die bäuerliche Bevölkerung muss schwer kämpfen, um die Ernte einzubringen.

Ernst und Sparsamkeit auf der einen Seite, warmherzige Güte auf der anderen kennzeichnen den Charakter der Bevölkerung dieses Landesteils, und beide Eigenschaften haben im Bild der Hauptstadt Sion ihren Niederschlag gefunden, in den hohen, ernsten Steinhäusern und den glänzend polierten Holzschnitzereien, in den düsteren Ruinen von Tourbillon und dem gemütlichen Uhrturm des Rathauses.

Sion ist nicht hochnäsig, sondern zeigt ein freundliches Lächeln. Mit stiller Geschäftigkeit gehen die Bürger ihrem Tagwerk nach. Viele der Frauen tragen werktags die alte Tracht: ein schwarzes, langärmeliges Kleid mit enganliegendem Mieder und weitem Rock, weissen Bluseneinsatz, schwarzen Schuhen und Strümpfen, einer bunten Schürze und einem schwarzen Strohhut mit Samtbändern. Oft sind ihre Gesichter müde und ihre Hände verarbeitet, denn das Leben ist schwer hier. Dörfer oder Chalets können durch Lawinen oder die böse Laune eines Gebirgsbachs jederzeit hinweggerissen werden. Die Menschen sind für jeden Tag zutiefst dankbar und haben einen inbrünstigen Glauben. Ein Gebet in der Kapelle am Wegesrand, ein Augenblick der Ruhe vor einem Altar hilft die Last des Tages erleichtern. Aber Düsterkeit findet man nirgends. <u>Der Walliser wird Sie gleich als Freund begrüssen</u>, wenn Sie ihm gefallen; wenn nicht, brauchen Sie sich gar nicht anzustrengen, seine Freundschaft zu gewinnen.

MONTANA VERMALA

Alt 1.500 M. Suisse
FUNICULAIRE
SIERRE-MONTANA

SCHWEIZ
...FÜR IHRE EINKEHR !

Für

WANDERER

bietet die Schweiz

die besten und schönsten

Gelegenheiten. Jeder Anfänger sollte sich im Klettern gründlich unterweisen lassen, zunächst auf leichten Touren in sachkundiger Begleitung.

Sehr beliebt und schön

sind in der Schweiz

RADTOUREN

Viele Touristen haben festgestellt, dass man dadurch viel besser die Landschaft studieren kann, als mit Verkehrsmitteln.

Lötschental

STATION GOPPENSTEIN AN DER LÖTSCHBERGBAHN WALLIS-SCHWEIZ

IMPRIMÉ EN SUISSE   A. TRÜB & CIE. AARAU   PRINTED IN SWITZERLAND

Das Schweizer Heim

Es gibt viele Arten von Heimstätten in der Schweiz, reiche und arme, einfache und luxuriöse, Bauernhöfe, Etagenwohnungen und Einfamilienhäuser, aber etwas haben sie alle gemeinsam: die gute Hausfrau. Die Schweizerin wird nach ihrem Geschick als Hausfrau beurteilt. Schöne Haushaltswäsche, eine gut eingerichtete Küche, makellose Sauberkeit und Ordnung sind ihr Stolz. Ganze Batterien von eingewecktem Obst und hausgemachter Marmelade in den Vorratsräumen zeugen von ihrem unermüdlichen Fleiss.

Das Hauspersonal besteht gewöhnlich aus einem jungen «Mädchen für alles». Eine Köchin oder ein Stubenmädchen können sich nur die wenigsten leisten, und darüber hinaus zieht die Schweizerin es vor, ihrem Haushalt selbst vorzustehen.

Die Frauen haben kein Wahlrecht und zeigen wenig Interesse für die Politik, über die, nach ihrer Ansicht, die Männer sich die Köpfe zerbrechen sollen. Sehr wenige Frauen ergreifen einen Beruf, und die es tun, können sich auch mit besten Leistungen nur schwer durchsetzen. Allgemein besteht die Auffassung, dass berufstätige Frauen nur die Zeit bis zur Heirat ausfüllen möchten. In den unteren Einkommensklassen behalten die jungen Frauen ihre Stellung im Büro oder Ladengeschäft gewöhnlich bei, um das Familieneinkommen aufzubessern, wenigstens solange, bis Kinder kommen. Aber eine wirkliche berufliche Karriere kann die Frau in der Schweiz nicht machen, denn die leitenden Stellungen bleiben grundsätzlich den Männern vorbehalten.

—

Bergsteigen I

Die Geologen behaupten, dass die Alpen schon seit sechzig Millionen Jahren bestehen, aber erst im vergangenen Jahrhundert ist der Mensch um des Sportes willen in die Regionen der Gletscher und Lawinen eingedrungen. Die Vorfahren der heutigen Schweizer zogen es vor, in den Tälern zu bleiben. Heute jedoch kann man für 150 Franken das Matterhorn ‹bezwingen›; Führer, Essen und Leihgebühr für Ausrüstung einbegriffen. Jeder gesunde Mensch, der nur die Anfangsgründe des Bergsteigens beherrscht, kann den anderthalbtägigen Aufstieg über die übliche Route unternehmen, auf der an schwierigen Stellen Haken für die Seile, Stufen usw. angebracht worden sind. 1950 haben sogar einige Rundfunkreporter den Gipfel erstiegen, um von dort aus eine Reportage zu senden. Dieses Ereignis wurde in der Welt kaum beachtet. Als aber am 14. Juli 1865 der englische Bergsteiger Sir Edward Whymper das Matterhorn bezwang, berichtete die Weltpresse in Schlagzeilen. Die Schweizer pflegen zu sagen, dass Whymper für die Alpen getan hat, was Stanley mit seinen Dschungelreisen für die Erschliessung Afrikas tat. Die dramatische Eroberung des Matterhorns war für das Bergsteigen die Reklame, deren jeder junge Sport bedarf, um populär zu werden. Und seit Whympers Tagen ist der Strom der eispickelbewaffneten Touristen in den Alpen nicht mehr abgerissen.

—

ZERMATT
SCHWEIZ

MATTERHORN * RIFFELALP – RIFFELBERG – GORNERGRAT * BLAUHERD * 1620 – 3100 M

IMPRIMÉ EN SUISSE · PRINTED IN SWITZERLAND · J.C. MÜLLER A.G. ZURICH 8 · 4000 · VII. 1947.

RHONEGLETSCHER-GLACIER DU RHÔNE
FURKA-
OBERALP
BRIG-GLETSCH-
ANDERMATT-DISENTIS
SCHWEIZ • SWITZERLAND • SUISSE

BRIG

AM SIMPLON – SCHWEIZ – SUISSE

Bergriesen und alte Sagen

Sion — Sierre — Visp — Zermatt. Ohne einen Besuch in Zermatt, dem klassischen Dorf am Matterhorn, wäre der Aufenthalt in der Westschweiz unvollständig. Die kleine Visp-Zermatt-Bahn, schon im Jahr 1886 entworfen und 1891 fertiggestellt, ist eine technische Grosstat. Erst 1933 gelang es, die Strecke auch den Winter über in Betrieb zu halten. Die Bahn, die durch ihren Anschluss an die Lötschbergbahn mit dem Engadin und dem Berner Oberland verbunden ist, gehört einer Privatgesellschaft und ist auch unter dem Namen ‹Gletscher-Express› bekannt.

Die Fahrt in das Herz der undurchdringlichen Alpen und ihrer Polarlandschaft ist fast beängstigend. Zermatt liegt 1620 Meter hoch, in einer grünen Mulde vor dem mächtigen Dreiecksmassiv des Matterhorns — oder Mont Cervin, wie die Franzosen und Italiener sagen.

Braungebrannte Bergführer, in voller Ausrüstung, erwarten den Ankömmling. Einige unter ihnen sind weltberühmt, haben an Expeditionen zum Himalaya und anderen grossen Gebirgszügen der Welt teilgenommen.

Zermatt verdankt die Schweiz auch einen der Grundsteine ihres traditionellen Hotelgewerbes. 1854 gründete Alexander Seiler, ein Kuhhirte aus Zermatt, die Seiler-Alpenhotels, ein Unternehmen, das heute noch in Händen der Familie Seiler ist.

Von Zermatt zum Gornergrat führt die höchste Zahnradbahn Europas, die 1896 bis 1898 gebaut wurde. Seither wurden Millionen von Passagieren befördert. Und auf der Riffelalp befindet sich, als

...

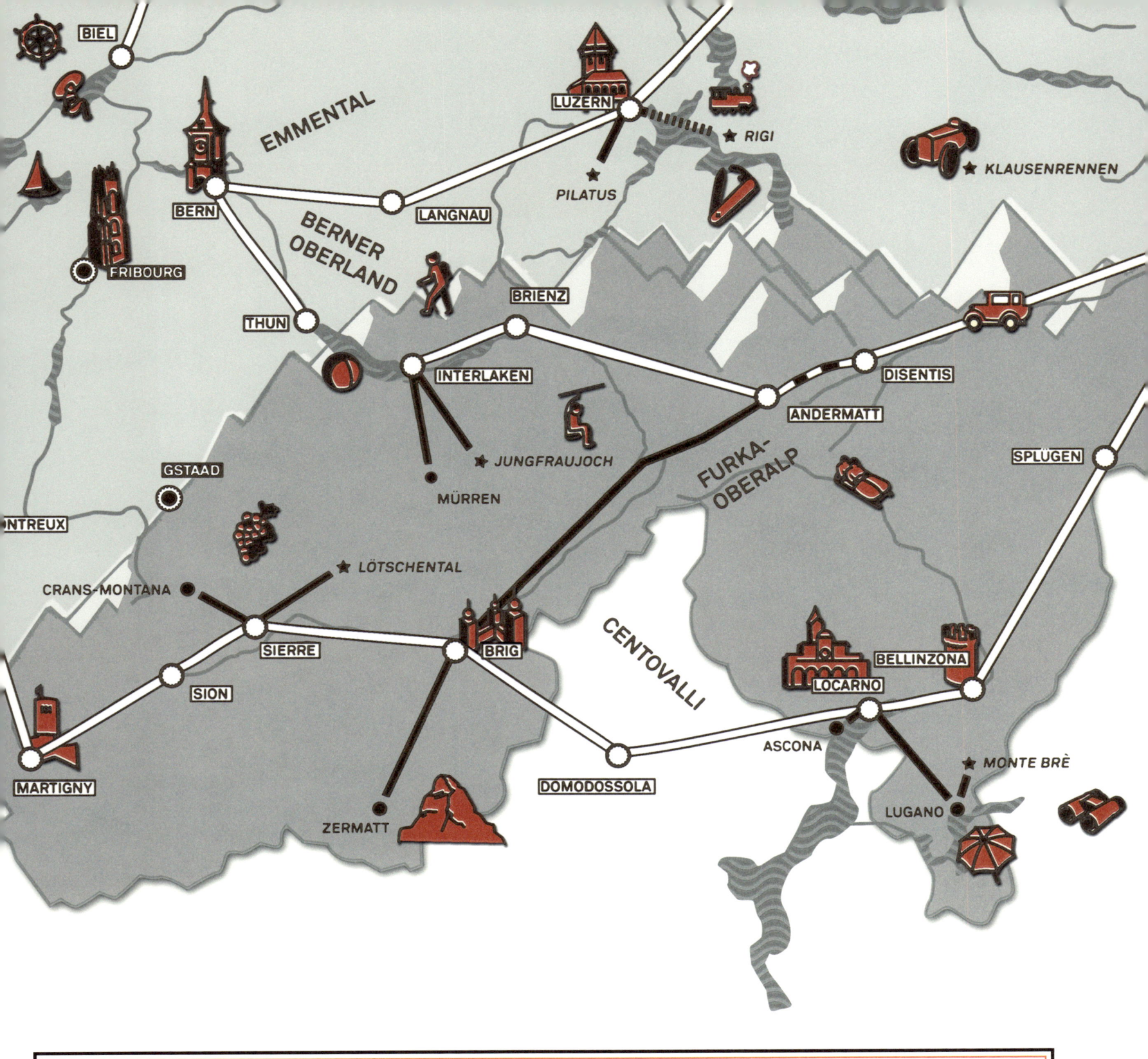

Abzweigung der Zahnradbahn, die kleinste und kürzeste Eisenbahnstrecke der Welt, sie ist nur 450 Meter lang und wurde von Alexander Seiler, dem Besitzer des Riffelberg-Hotels, erbaut. Seiler erhielt von der Gemeinde nicht die Erlaubnis, bis zu seinem Hotel eine Strasse zu bauen, da wandte er sich, über ihre Köpfe hinweg, an den Bundesrat, bei dem er das Recht, eine Eisenbahn zu bauen, beantragte und erhielt.

—

Städte im Tessin

Das Tessin, der südlichste und einzige italienischsprechende Kanton der Schweiz, kann säuberlich in drei Hauptgebiete untergliedert werden. Jedes dieser Gebiete hat seinen natürlichen Mittelpunkt: Bellinzona und die nördlichen Täler, Lugano und die Sotto Ceneri, Locarno und seine Täler.

Südlich des St. Gotthard und der Rhätischen Alpen fallen die Bastionen des Hochgebirges langsam in ein grünes, sonniges Gelände ab, das ein mittelmeerähnliches Klima hat, dann gehen sie in die Ebenen der Lombardei und die Ausläufer des Apennin ins Piemont über. Im Charakter und in der Atmosphäre gleicht das Tessin seinem italienischen Nachbarland. Die politische Grenze schlängelt sich kreuz und quer über die Ufer des Lago Maggiore und des Luganer Sees, aber Landschaft, Vegetation und Klima sind diesseits und jenseits der Grenzen gleich.

—

LOCARNO

Printed in Switzerland

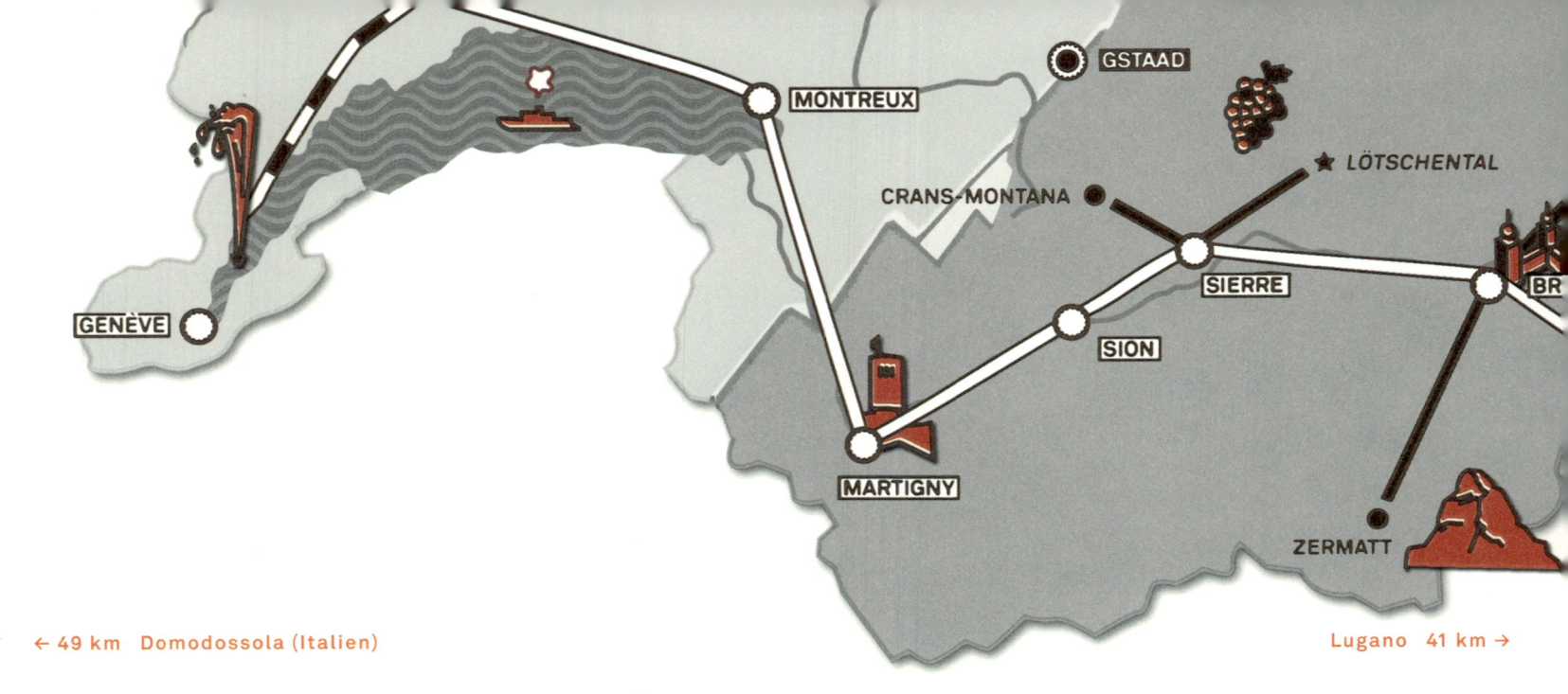

← 49 km   Domodossola (Italien)   Lugano   41 km →

Locarno

Die zahlreichen Freunde des Tessin zerfallen in zwei Gruppen, die pro-Luganesen und die pro-Locarnesen. Obwohl die beiden Kurorte gar nicht so weit voneinander entfernt sind — 21,5 km Luftlinie und 41 km Strasse —, sind sie einander so unähnlich, dass sie völlig verschiedene Arten von Besuchern anziehen.

Locarno ist mit seinen 11'500 Einwohnern der natürliche Mittelpunkt für die abgelegenen, zerklüfteten Täler, die hinunter zum Lago Maggiore führen — das Centovalli, Val Onsernone, Val Maggia und Val Verzasca. Es liegt auf der Nordseite der breiten Flussmündung am Kopf des Lago Maggiore. Locarno liegt versteckter als Lugano, die Ströme des Lebens zogen im Mittelalter und in der Renaissance an ihm vorbei, und es begnügte sich mit der Pflege des einheimischen Handels und Handwerks.

Gegenwärtig träumt Locarno von einer grossen Zukunft als Binnenhafen, denn es werden Pläne erwogen, die Wasserwege Norditaliens auszubauen. Dadurch würde das Tessin durch ein von Venedig bis Sesto Calende, am Südzipfel des Lago Maggiore, reichendes Kanalnetz mit der Aussenwelt verbunden.

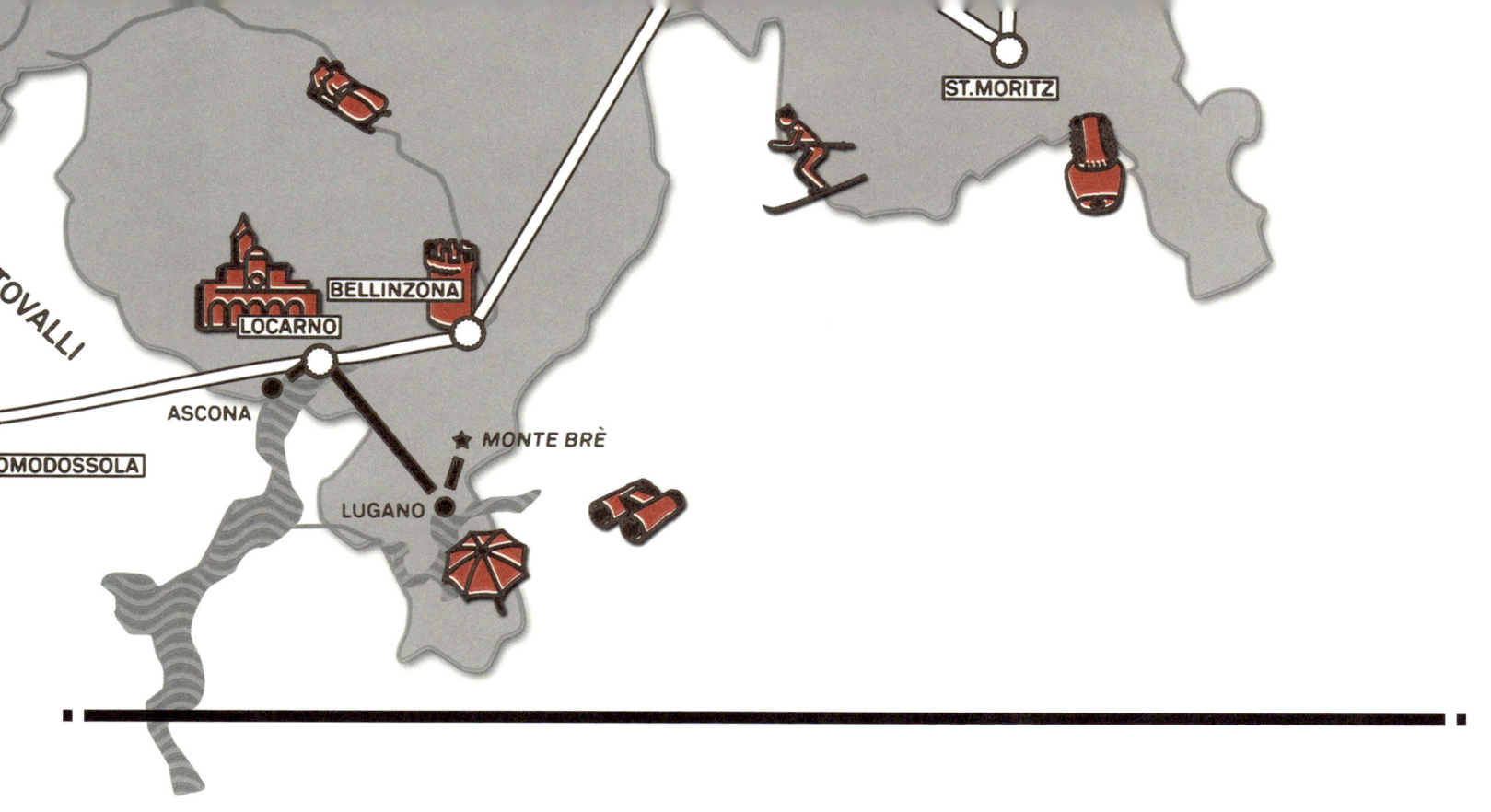

In Erwartung der Erfüllung dieses Traumes ist Locarno ein friedliches, nettes Städtchen, das sich um die Piazza Grande gruppiert. Seine Hotel- und Wohnbezirke erstrecken sich Richtung Muralto und Minusio im Westen und Richtung Orselina am steilen Hang im Norden. Das Kasino und die Arkadencafés sorgen für Unterhaltung. Ausflügler machen Tagesausflüge nach Stresa und den Borromeischen Inseln, nach Mailand und an die italienischen Seen, oder sie besuchen die nahen malerischen Täler der Umgegend. Dampfer paddeln über den See nach Magadino, nach Ascona, Brissago und am ganzen italienischen Ufer entlang.

<u>Locarno ist ruhig, es hat ein bezauberndes Eigenleben und ist in keiner Weise vom Fremdenverkehr verdorben.</u> Hübsche Geschäfte mit reicher Auswahl und angemessenen Preisen sind in genügender Anzahl vorhanden.

Der Frühling ist in Locarno eine farbenprächtige Angelegenheit; Kamelien und Orangenblüten, Glyzinien und Magnolien blühen in üppiger Pracht. In den Kastanienhainen an den Hängen schimmern weisse und rosa Blütenkerzen, und die Felder sind mit Primeln und wilden süssduftenden Veilchen übersät.

Jahreskurort
Ernst.
ASCONA
TESSIN • LAGO MAGGIORE • SCHWEIZ
A. TRÜB & CIE, AARAU-LUGANO

ASCONA

Ascona ist ein weiterer Anziehungspunkt. Dieser kleine Kurort, nur wenige Kilometer entfernt, ist mit Dampfer oder Autobus leicht zu erreichen. Ascona bietet ein völlig unerwartetes Bild. Obwohl es nur eine Hauptstrasse hat, die durch viele winklige Gassen und Gässchen mit dem Ufer verbunden ist, hat der Ort sich zu einem internationalen Treffpunkt der Künstler, Schriftsteller und ‹Zurück zur Natur›-Sekten entwickelt. So ist eine Atmosphäre entstanden, die jener der Künstlerviertel grosser Städte, etwa Schwabing oder Montmartre, ähnlich ist. Künstlerhaft und begabt aussehende junge Männer, aber auch nicht mehr so junge, vermischen sich unbekümmert und zwanglos mit den vornehmen Besuchern des erstklassigen Luxushotels ‹Monte Verita›. Zur Cocktailstunde am Strand muss man darauf gefasst sein, seltsam gekleidete, bärtige und langhaarige Gestalten vom Typ ‹Zurück zur Natur› und späte Mädchen in greller Aufmachung zu sehen. In den Tanzlokalen wird an abendlicher Unterhaltung alles geboten, wonach man in Locarno vergeblich suchen würde.

Lugano

Lugano hat 17'500 Einwohner und liegt 276 Meter über dem Meer. Es breitet sich in weitem Halbkreis um die Bucht aus. Piazza Rezzonico und Piazza Riforma, die letztere gleich hinter dem Rathaus, bilden den Mittelpunkt der Stadt. Die Wohn- und Hotelviertel liegen im Südwesten, nach Paradiso hin, und im Südosten, Richtung Cassarate und Castagnola. Der Bahnhof liegt ziemlich hoch und ist durch eine Seilbahn mit der Stadtmitte verbunden. Das gesellige Leben Luganos spielt sich um die beiden grossen Plätze ab, die auf drei Seiten von Cafés und Teestuben gesäumt sind. Die guten Geschäfte liegen in der Via Canova, Via Vegezzi, Piazza Dante, Via Nassa und anderen Strassen.

Lugano ist eine internationale Stadt. Auf den Strassen hört man alle Sprachen. Das Hotelpersonal spricht Französisch, Deutsch, Italienisch und Englisch gleich unbekümmert, wenn auch nicht immer ganz richtig. Deutsch wird überall gesprochen, denn das Tessin ist das Ferienparadies der deutschsprechenden Nordschweizer. Das nahe Dorf Morcote ist der Treffpunkt des Künstlervölkchens geworden, das zur Förderung der Inspiration billige Lebensbedingungen und eine malerische Umgebung braucht.

SANROCCO

**MAISON DE CURE ET DE REPOS
DAS MODERNE KURHAUS**

LUGANO
SUISSE SCHWEIZ SWITZERLAND

LITH. KLAUSFELDER S.A. VEVEY.

Ein besonderer Anziehungspunkt Luganos ist die kleine italienische Enklave Campione, in zehn Minuten Dampferfahrt über den See zu erreichen. Dieser anderthalb Quadratkilometer grosse Teil Italiens ist ganz von Schweizer Gebiet umgeben. Die klugen Stadtväter von Lugano haben Campione alle Vorteile des Schweizer Reiseverkehrs zukommen lassen. Die Schweiz kontrolliert den Zoll von Campione, die Post und den Telegrafendienst, und der Schweizer Franken wird in Campione als Währungseinheit benutzt. Unverständlich? Nicht so sehr, wenn man bedenkt, dass Campione nur eine einzige Attraktion besitzt: sein Spielkasino! Das Spielen um hohe Einsätze, also Roulette oder Chemin-de-Fer, ist nach dem italienischen Gesetz erlaubt, nicht aber in der Schweiz. Lugano war schlau genug, zu erkennen, welchen Reiz diese leicht erreichbaren Spieltische auf seine reichen Gäste ausüben würde, und in den Werbeprospekten Luganos wird stets auf Campione hingewiesen. Schweizer Bürger werden jedoch immer noch vor etwaigen Auswüchsen ihres Spielbetriebs bewahrt, denn ihnen ist das Betreten des ‹Kleinen Saals›, wo die Einsätze bis zu 2'500 Franken gehen, verboten. Sie müssen sich brav mit dem ‹Grossen Saal› begnügen, wo der Einsatz auf 5 Franken beschränkt bleibt.

LUGANO

SÜDSCHWEIZ - SUISSE MERIDIONALE
SOUTHERN - SWITZERLAND

funicolare Lugano (Cassarate Castagnola) Suisse
MONTE BRÈ

funicolare Lugano (Cassarate Castagnola) Suisse **MONTE BRÈ**

Bergsteigen II

Das Bersteigen ist für manche Leute ein Sport, für andere aber ein Beruf. In der Schweiz gibt es etwa 750 berufsmässige Bergführer. Zwar bestehen in ihren Honoraren gewisse Unterschiede, je nach der Schwierigkeit der Tour, aber im Allgemeinen liegen die Sätze im ganzen Land doch ziemlich fest.

Bei der Auswahl der Bergsteigerausrüstung sollte man sich keine Sorgen über Schönheit oder Modemätzchen machen, sondern solide und praktische Gegenstände wählen. Alte Kniehosen von Onkel Karl sind genau das Richtige, sofern sie aus einem guten, dicht gewebten Stoff sind. Ferner werden gebraucht: eine Windjacke, ein warmer Pullover, Wollsocken, Lederhandschuhe, Schuhe mit dicken Nägeln oder gerippten Gummisohlen, Kletterschuhe, Steigeisen, die genau auf die Schuhe passen, ein mittelgrosser Rucksack, ein Eispickel, Sonnenbrille, Sonnenbrandcreme oder -öl, Kompass und das übliche Kletterseil. Was von diesen Gegenständen Spezialausrüstung ist, kann in den örtlichen Sportgeschäften entliehen werden.

Die Abende verbringt der Bergsteiger, sei's im Tal oder hoch oben in den Schutzhütten, in einer ruhigen, gemütlichen und herzlichen Atmosphäre. Wenigstens sagen so die Experten des Fremdenverkehrs. Vermutlich meinen sie damit den Muskelkater und die Vorbereitungen für die Strapazen des Aufstiegs am nächsten Tag. Die Sommerabende können in den Alpen recht kühl sein, und man sollte immer warme Kleidung bei sich haben. Und noch etwas: man lade nie einen Bergführer zum Kartenspielen ein. Er gewinnt nämlich immer!

—

← 19 km Locarno   Splügen 66 km →

Bellinzona

Das historische Städtchen hält auf der <u>Liste der kleinsten Hauptstädte der Welt</u> einen guten Platz. Es hat nur 11'500 Einwohner, ist aber die Hauptstadt des Kantons Tessin.

Vom Bahnhof aus gesehen, macht Bellinzona heute den Eindruck einer langweiligen, staubigen Provinzstadt. Um seine Reize zu entdecken, muss man die Strassen, die winzigen Plätze und die Gassen in der Mulde zwischen dem Castel Grande (auch Burg von Uri genannt) und dem Castel di Montebello (oder Burg von Schwyz) durchwandern. Unter den Arkaden der Piazza Nosetto, an einem Tischchen der kleinen offenen Cafés, fühlt man sich von der Atmosphäre des sorglosen Südens umgeben. Nach 11 Uhr morgens und 4 Uhr nachmittags schlendern junge Männer herein, um zu plaudern, ein Eis zu essen oder einen Appetitanreger zu schlürfen. Mit den fortschreitenden Stunden füllen die Strassen sich mit vergnügten, lachenden Kindern und jungen Mädchen. Über den Platz hört man die Hausfrauen tratschen. Mittags drängen die Menschen sich zu der grösseren Piazza Collegiata, vor den schönen Kirchen von St. Peter und St. Stephan. Aus den gepflasterten Seitenstrassen und -gassen schwebt der appetitliche Duft von Risotto über den Platz.

Das ist das Privatleben von Bellinzona. Sein anderes Leben, das öffentliche, spielt sich in der Gegend um den hässlichen Bahnhof ab, etwas abseits von der Stadtmitte, und auf den schönen Strassen, die die Stadt umgehen. Bellinzona ist zufrieden, das zu bleiben, was es immer war; eine Durchgangsstadt, an deren Mauern sich der Strom des Lebens bricht, um in andere Richtungen weiterzufliessen.

SVIZZERA ITALIANA + SUISSE ITALIENNE
BELLINZONA
ITALIENISCHE SCHWEIZ + SOUTHERN SWITZERLAND

MUOTTAS-
MURAGL
2456 m
ENGADIN
SAMEDAN - ST. MORITZ - PONTRESINA - CELERINA
Burger

Das Engadin

Die Menschen dieser Gegend lieben ihr Heim, und man braucht nur einmal ein Engadiner Haus zu betreten, um es zu spüren. Die schön gearbeiteten Fassaden, die Holzgitterverzierungen und Balkone wirken freundlich auf den Fremden, und die Bewohner bemühen sich, den Eindruck durch Blumenschmuck zu verstärken — Geranien, Begonien und Nelken auf den tiefen Fensterbänken, Wicken und blühender Wein am Holzgitterwerk. Im Winter sieht man kleine Säckchen mit Talg und Nüssen für die Vögel an den Fenstern hängen.

Die Engadiner sind ein stolzes Volk. Es wird von einer inkognito reisenden Königin berichtet, die einst versuchte, einem Bauern einen Kupferkessel abzukaufen, an dem sie Gefallen gefunden hatte. Der Bauer wollte nicht verkaufen, und der Leibjäger der Königin machte ihn darauf aufmerksam, dass die Dame eine regierende Königin sei — nicht gewohnt, dass man ihre Wünsche missachte. ‹Gut,› sagte der Bauer, mit einer Haltung, die sogar die Königin nicht überbieten konnte, ‹ich werde ihr den Kessel schenken. Aber verkauft wird er nicht.›

← 62 km Thusis   75 km Davos →

ST. MORITZ

Nach St. Moritz führen viele Strassen. Von Italien aus ist es über Tirano und mit der Bernina-Bahn oder mit dem Wagen über die schöne Maloja-Passstrasse zu erreichen. Die Rhätische Eisenbahn von Chur verbindet St. Moritz mit allen internationalen Strecken. Eine landschaftlich schöne Autostrasse führt von Chur über den Julier-Pass (2287 m) nach St. Moritz.

St. Moritz selbst liegt 1800 bis 1850 Meter über dem Meer, im Ober-Engadin, am Ufer des himmelblauen St. Moritzer Sees. Der See ist der nördlichste von drei Seen, die viel zum landschaftlichen Reiz des Ober-Engadins beitragen; die anderen beiden sind der Silvaplaner See und der Silsersee.

St. Moritz hat sich die Sonne zum Symbol gewählt und benutzt sie als Zeichen in seiner Werbung ausgiebig. Die Statistiken des Wetterdienstes beweisen die Richtigkeit der Behauptungen des Fremdenverkehrsvereins, dass der Kurort einer der sonnigsten in Europa sei. Er ist in einem normalen Jahr mit dreimal soviel Sonne gesegnet wie die meisten anderen Kurorte, die dem Meeresspiegel näher liegen. Die Berge zu beiden Seiten steigen terrassenförmig an, so dass die Sonne überall hingelangen kann. Das Gefühl des Eingeschlossenseins, das viele Leute zwischen hohen Bergen überfällt, kommt in St. Moritz nicht auf. Die Gipfel sind trotzdem atemberaubend, erheben sich zu Höhen von 3000 Metern und mehr und bieten reichlich Gelegenheit zum Bergsteigen.

I. INT.
ST. MORITZER
AUTOMOBILWOCHE
19.-25. AUGUST 1929
CH
GEBR. FRETZ AG. ZÜRICH

PALACE HOTEL ST. MORITZ
6000 F. a/s   "WOLFSBERG" ZÜRICH   1800 M. s/m

Die drei grossen Luxushotels sind das Palace-Hotel, das Grandhotel Kulm und das Suvrettahaus; letzteres liegt ein wenig ausserhalb in Richtung Silvaplana. In diesen drei Hotels konzentriert sich das Leben der eleganten Gesellschaft. Jedes hat 300 bis 400 Betten, und die Bedienung, die grosses Gewicht auf die individuelle Behandlung des Gastes legt, ist mustergültig. Hans Badrutt, der dem Palace-Hotel vorsteht, ist einer der Männer, die mitgeholfen haben, den grossen Ruf der Schweizer Hoteliers in der ganzen Welt zu verbreiten. Viele Gäste zahlen gern die hohen Preise, nur um den fürstlichen alten Herrn, mit dem markanten Kopf und dem buschigen Schnurrbart, kennenlernen und ihm die Hand schütteln zu dürfen.

Die Hotelpreise sind die höchsten in der ganzen Schweiz. Der höchste Preis für ein Zimmer mit Bad und voller Pension beträgt 75 Franken am Tag. In Broschüren wird auch ein ‹Mindestpreis› von 35 Franken genannt, aber als Ausländer sollte man damit rechnen, dass man den Höchstpreis zahlen muss. Trotzdem braucht ein Aufenthalt in St. Moritz keine schwindelnden Summen zu kosten. Es gibt auch kleinere Hotels, die alles bieten, ausgenommen die Snob-Attraktionen der Luxusklasse.

DAVOS

Noch hält St. Moritz seinen Titel als Königin der Schweizer Bäder, aber es hat eine junge Rivalin, die ebenfalls in den Graubündner Bergen heranwächst. Davos verdankt seinen Weltruhm dem Skifahren als Modesport unter der jungen Generation der vornehmen Welt. In Davos finden die fanatischen Skiläufer das angeblich schönste und beste Skigelände der Welt.

Neben seinen ausgezeichneten Skiabfahrten kann Davos sich auch der grössten Eisbahn Europas rühmen, die eine Eisoberfläche von 25'400 qm hat. Hier finden im Winter die internationalen Hockeyturniere und Eislaufveranstaltungen statt. Auf der grossen Terrasse können die Zuschauer es sich bequem machen, sonnenbaden und ihren inneren Menschen mit den Getränken wärmen, die ihnen am besten geeignet erscheinen.

Es gibt zwei Skischulen in Davos, bei denen man in wenigen Tagen eine brauchbare «Schussfahrt» erlernen kann. Die Abfahrtshänge werden dauernd von Rettungsmannschaften patrouilliert, die einen wieder auf die Beine stellen, wenn man kopfüber in einem Schneehaufen gelandet ist. Auch gibt es in den Bergen allenthalben Hütten und Gasthöfe, wo der wackere Skifahrer seine Zehen auftauen und seinen Mut für die Weiterfahrt mit einem Kirsch untermauern kann.

SUISSE
SWITZERLAND

DAVOS

Auch im Sommer ist Davos sehr schön, aber keinesfalls schöner als andere Schweizer Luftkurorte. Davos ist landschaftlich weniger abwechslungsreich als zahlreiche andere Orte. Es ist Gelegenheit geboten zum Schwimmen, Segeln und Sonnenbaden, auch kann man im See oder im Landwasser und seinen Nebenflüssen nach Forellen angeln. Ferner ist ein Golfplatz mit 9 Löchern vorhanden, und das Bergsteigen wird für Liebhaber immer seine Reize haben.

HOCKEY-CLUB
DAVOS

La Coupe Spengler
27–30 décembre 1928

Equipes: Berliner Schlittschuhklub
Cambridge University
Oxford University
Paris Canadians
Sportklub Rissersee
Eishockeyklub Davos

Jeux d'Hiver suisses 13–20 janvier 1929

13 janvier 1929 Tournoi internat. de Hockey sur glace
14 " " "
15 " " " Demifinal
16 " " "
17 " " " Final

KLOSTERS
SCHWEIZ · SWITZERLAND · SUISSE

Keine Luftschlösser

Die Notwendigkeit, dem Leben mit Klugheit und Vorsicht zu begegnen, hat die Schweizer zu einer ziemlich materialistischen oder, besser gesagt, realistischen Auffassung veranlasst. Der Durchschnittsschweizer ist kein Träumer, er steht nicht mit einem Bein in den Wolken. Er muss sich schon in jungen Jahren an die Arbeit und den Ernst des Lebens gewöhnen. Mit 15 oder 16 Jahren kommt er von der Schule in eine Lehrstelle, um dann, nach etwa vierjähriger Lehre, in das väterliche Geschäft einzutreten (falls vorhanden). Feste Stellungen in Regierung und Verwaltung sind sehr begehrt, denn sie bedeuten ein gesichertes Einkommen, ein gemütliches Heim und eine Pension. Auf je fünf Einwohner der Schweiz entfällt schätzungsweise ein Beamter.

Die Berufsausbildung ist auf allen Gebieten gründlich, und die Schweizer Universitäten stellen in sämtlichen Fakultäten sehr hohe Anforderungen.

—

Die besten Abfahrten

Die längste und beliebteste Abfahrt in der Schweiz führt vom Weissfluhjoch in der Nähe von Davos nach Küblis. Während die Teilnehmer am Parsenn-Rennen die Strecke in weniger als einer Viertelstunde bewältigen, muss der Durchschnitts-Skifahrer damit rechnen, dass er über eine Stunde braucht. Wer jedoch auf Schnelligkeit bei der Abfahrt besonders erpicht ist, muss sich die Abfahrt Windspillen in der Nähe von Gstaad vornehmen. Die Experten sausen hier mit 75 und mehr Stundenkilometern abwärts. Eine andere beliebte Strecke ist die vom Gornergrat nach Zermatt. Hier legen die Teilnehmer die Strecke von 8,8 km in ungefähr acht Minuten zurück.

...

herrliches Aroma

Dreifarbentiefdruck Art. Institut Orell Füssli Zürich

herrliches
Arosa
Dreifarbentiefdruck Art. Institut Orell Füssli Zürich

AROSA
Kur & Sport auf 1800 M.

Der Geschmack der Skisportler ist verschieden, und es fällt schwer, zwei Sportler zu finden, die über die angeblich beste Abfahrtsstrecke die gleiche Meinung haben. Eine Umfrage unter den Experten hat folgende Abfahrten als die zehn besten und schnellsten der Schweiz ergeben:

Ort (Höhe in Metern)	Startplatz	Bergbahn, Skilift od. Seilbahn
Davos (1559)	Weissfluhjoch (2848) Abfahrt nach Davos od. Küblis	ja
Zermatt (1620)	Gornergrat (3136)	ja
Wengen (1285)	Lauberhorn (1800)	ja
Grindelwald (1000)	Männlichen (2080)	teilweise
Mürren (1636)	Schildgrat (2340)	ja
St. Moritz (1856)	Corviglia (2340)	ja
Arosa (1800)	Mornli (2340)	ja
Villars (1345)	Bretaye (1800)	teilweise
Engelberg (1019)	Jochpass (1989)	ja

...

E. Hermès
WINTER
IN DER
SCHWEIZ
LITH. SAUBERLIN & PFEIFFER A. G. VEVEY (SCHWEIZ)
IN DER SCHWEIZ GEDRUCKT
PUBLIZITÄTSDIENST
DER SCHWEIZ BUNDESBAHNEN, BERN

Der erfahrene Skiläufer, der sich gern in einem neuen, aufregenden Sport versuchen möchte, sollte zum Skijöring nach St. Moritz oder Arosa gehen. Das ursprüngliche Jöring besteht darin, dass ein Pferd den Skifahrer über eine glatte Fläche, vorzugsweise einen gefrorenen See, zieht. Nach dem Krieg ist das Skijöring motorisiert worden, statt des Pferdes wird nun ein Auto vorgespannt. Und im Jahr 1949 wurde zum erstenmal ein Helikopter benutzt, um einen Skifahrer in St. Moritz über die Strecke zu ziehen. Inzwischen hat man Versuche mit anderen Flugzeugen gemacht, um ausfindig zu machen, welche Geschwindigkeiten ein Mensch auf Skiern aushalten kann. Zwar wird der Durchschnittsreisende kaum den Wunsch nach solcher Betätigung verspüren, aber das Flugzeug-Skijöring wird sich sicherlich zu einem beliebten Zuschauersport entwickeln.

Wer das Matterhorn erstiegen hat und auf Skiern die Windspillenabfahrt hinunter gebraust ist und dann immer noch das Gefühl hat, er müsse etwas Aufregendes erleben, der kaufe sich einen Sturzhelm und fahre Bob.

—

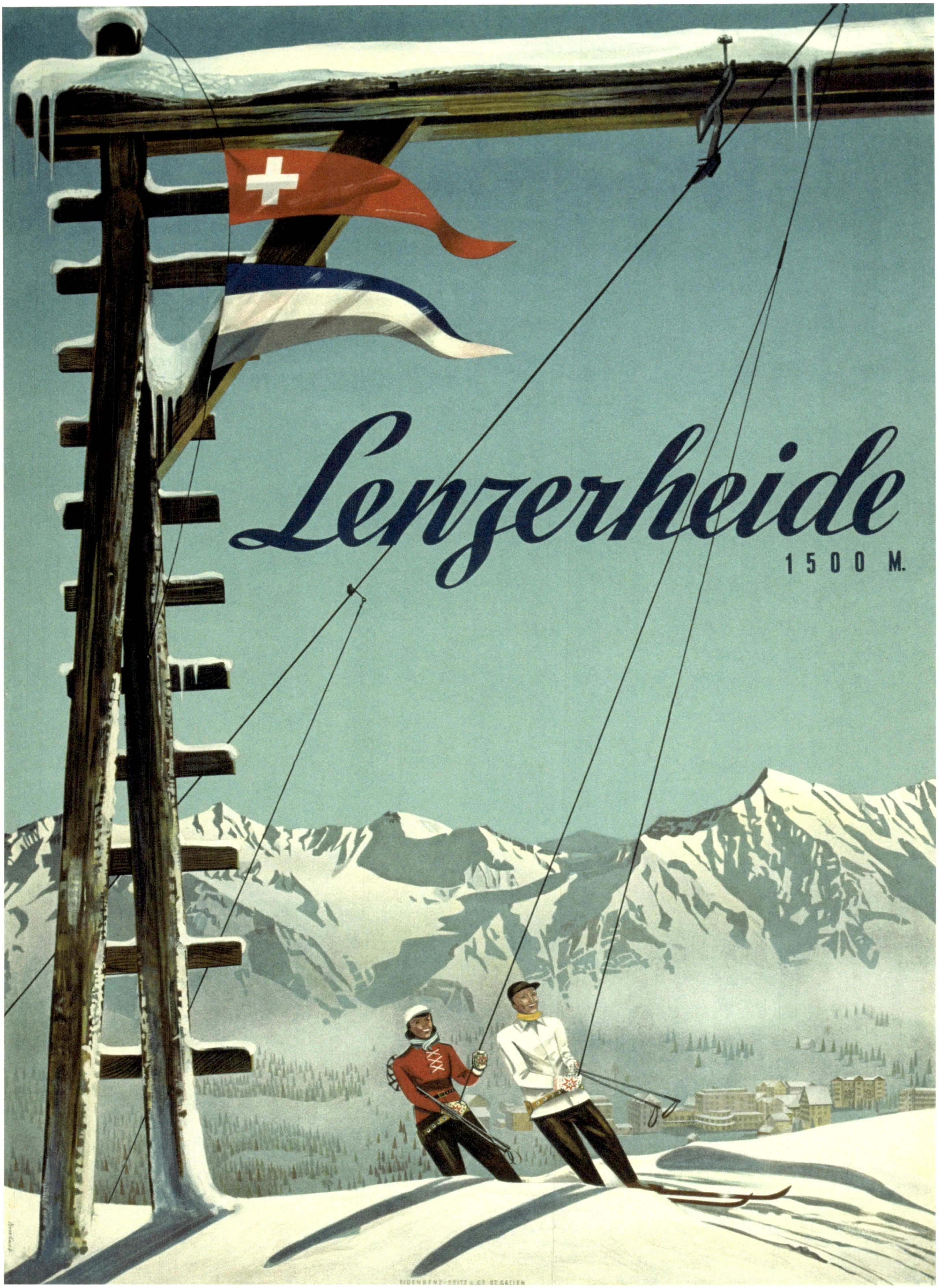
Lenzerheide
1500 M.

CHUR

In den Strassen von Chur mit ihrem abgewetzten Kopfsteinpflaster fühlt der Fremde sich ins Mittelalter zurückversetzt. Der St. Luzius-Dom, der tausendjährige Bischofspalast und die vielleicht doppelt so alten Römertürme Marsöl und Spinöl sind einzigartige Baudenkmäler. Der geschnitzte Hochaltar des Doms, geschaffen von Jakob Russ, stammt aus dem späten Mittelalter, und in der Sakristei befindet sich eine fast einmalige Sammlung von Messgefässen.

Chur wird, trotz seiner Schönheit, von den Reisenden gewöhnlich nur als Durchgangsstation nach Graubünden betrachtet. Es verfügt jedoch über einige ausgezeichnete Hotels, z.B. den Steinbock (80 Betten), Zimmer, Bad und volle Pension bis zu 30 Franken. Der Stern (50 Betten) nimmt 19 Franken, die Ausstattung ist dafür weniger vornehm. Ein halbes Duzend andere Hotels sind am Ort, Zimmer mit Pension, aber ohne Bad, gibt es schon von 12 Franken an.

In allen Restaurants werden Graubündener Spezialitäten angeboten, vor allem Gebäck. Das ‹Bahnhofsbuffet› ist auf diesem Gebiet zu empfehlen. Spezialitäten sind ‹Bündnerfleisch›, papierdünn zum Salat und zum roten Veltliner, und ‹Gitzi›, das ist junges Ziegenfleisch. ‹Birnbrot› bedarf keiner Erläuterung. ‹Pitta›, ‹Churer Kuchen› und ‹Tuorta da Nusch Engadinaisa› sind weitere Köstlichkeiten.

DIE ALPENPOST
ERSCHLIESST NEUE REISEZIELE

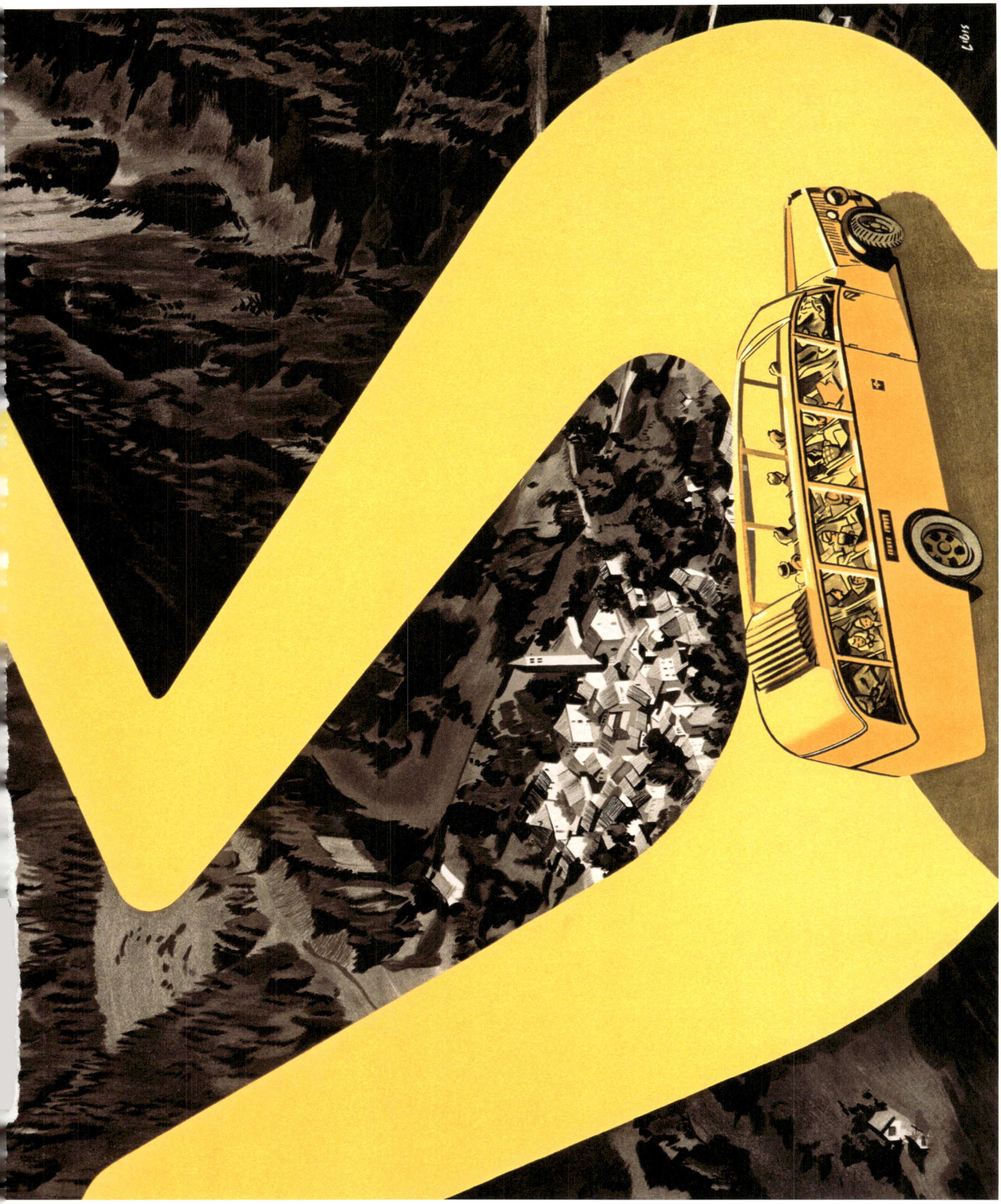

DIE ALPENPOST
ERSCHLIESST NEUE REISEZIELE

In der Schweiz werden Sie die erstaunlichsten

VERKEHRSMITTEL

finden. Ich habe einmal einen Ausflug in der Nähe von Schwyz gemacht und bin dabei mit diversen Beförderungsmitteln von Gipfel zu Gipfel gelangt. Den ersten Gipfel erreichte ich mit dem Bus (2 Fr.); den zweiten mit der Seilbahn (3 Fr.); den dritten mit der Zahnradbahn (4 Fr.); den vierten mittels Sessellift (5 Fr.); den fünften endlich erreiche ich in der Kabine einer Schwebebahn (6 Fr.).

AUTOPOSTEN

Die Schweizerische Postverwaltung verwendet auf den Alpenstrassen

«Cars Alpines»

Allwetterfahrzeuge von 75—100 PS. Die Wagen haben Raum für

10, 12 oder 17 Personen.

Autoposten sind durch gelbe Scheiben mit dem Postwappen vorn und hinten am Wagen kenntlich gemacht.

PFERDEPOSTEN
(IM WINTER Z.T. POSTSCHLITTEN)

verkehren noch zwischen manchen entlegeneren Ortschaften und im Winter an Stelle einiger nur im Sommer betriebener Autoposten.

«Fahrboten»

sind diejenigen Postlinien, bei denen nur einfache offene Wagen oder Schlitten benutzt werden.

EISENBAHNEN

Die Schweiz, als Land des Fremdenverkehrs, ist von einem weitverzweigten Eisenbahnnetz durchzogen. Der technischen Vollkommenheit und kühnen Anlage der meisten Linien mit unzähligen hohen Viadukten und Brücken und mit gewaltigen Tunnelanlagen (Simplon, Gotthard, Lötschberg u.a.), verbunden mit den abwechslungsreichen Reizen der Landschaft, verdankt das Schweizerische Eisenbahnwesen einen Weltruf, der auch zahlreiche Fachleute aus allen Ländern anlockt. Der Eisenbahnbetrieb ist hinsichtlich der Ausstattung und Instandhaltung jeder der drei Wagenklassen und der Pünktlichkeit mustergültig. Einzelne Bahnen (besonders Bergbahnen) führen Aussichtswagen. Für jeden Reisenden wird vom Zugpersonal selbst bei stärkstem Andrange, ein Sitzplatz besorgt. Das Zugpersonal spricht im allgemeinen verschiedene Sprachen, überall jedoch Deutsch.

GOTTHARD SCHWEIZ

S.B.B.

ART. INSTITUT ORELL-FÜSSLI ZÜRICH

SCHWEIZ

Das Bergrennen Europas

IX. INTERNATIONALES
KLAUSENRENNEN
6.:7. AUGUST 1932

A.C.S. *Automobile* / U.M.S. *Motorräder* / S.R.B. *Fahrräder*

AUTOMOBILISTEN

Die Strassen sind eng und kurvenreich, aber die

unbeschreiblich schönen Gegenden

entschädigen dafür. Es wird stets rechts gefahren und links überholt. Schneeketten sind im Winter in der Schweiz unentbehrlich. Es ist ein Schneekettendienst eingerichtet, der die Wagen mit Schneeketten versorgt.

Der Verkehr mit Motorfahrzeugen ist in den einzelnen Kantonen besonderen Bestimmungen unterworfen. Genaue Auskunft hierüber gibt die amtliche «Zusammenstellung der besonderen Bestimmungen über den Verkehr mit Motorfahrzeugen in der Schweiz», deren Ankauf (2 Fr.) für jeden Automobilisten und Motorradfahrer obligatorisch ist.

Das Berner Oberland

Natürlich fahren Sie in das Oberland in erster Linie, um auszuspannen. Aber wenn Sie auch noch so gute Vorsätze haben, so können Sie auf die Dauer doch nicht der Anziehungskraft der Jungfrau widerstehen, und bald sieht man auch Sie wandern, klettern und auf die Berge steigen wie einen echten Touristen. Sie werden ein aktiveres Leben führen als in der Stadt und sich dabei ausgesprochen wohlfühlen.

Wer aber als ernsthafter Sportler ins Oberland kommt, für den bietet sich jede erdenkliche Gelegenheit, seiner Leidenschaft zu frönen. Für den passionierten Autofahrer gibt es überall herrliche Strassen, nicht nur um die Seen und von Dorf zu Dorf, sondern auch im Hochgebirge. Fahren Sie, um hier nur ein Beispiel anzuführen, von Interlaken über Oberried und Brienz, am Ostende des Sees scharf rechts, Richtung Griessbach, Axalp. Nach einer kurzen ebenen Strecke geht es aufwärts, auf einer engen, kurvenreichen Strasse. Nach einer Viertelstunde können Sie rechts nach Griessbach fahren, wo sich ein hübsches Hotel befindet. Sind Sie aber unternehmenslustig, dann fahren Sie geradeaus zur Axalp. Ein herrlicher Weitblick auf den See, die Berge um Grindelwald im Nordosten und Meiringen im Westen lohnt die Fahrt. Sie ist nicht gefährlich, aber nur geübte Fahrer sollten sie unternehmen.

Hier ein Tip für Fahrer: Wenn ihre Scheiben in der Nacht oder am Tage frieren oder beschlagen sollten, versuchen Sie es nach der Berner Methode; schneiden Sie eine Zwiebel durch und säubern Sie die Scheiben damit — es wirkt Wunder.

SCHWEIZ

BERNER OBERLAND

Polarhunde auf der
Jungfraujoch-Station
3457 m. ü. M.

JUNGFRAUBAHN
SCHWEIZ

„WOLFSBERG" ZÜRICH

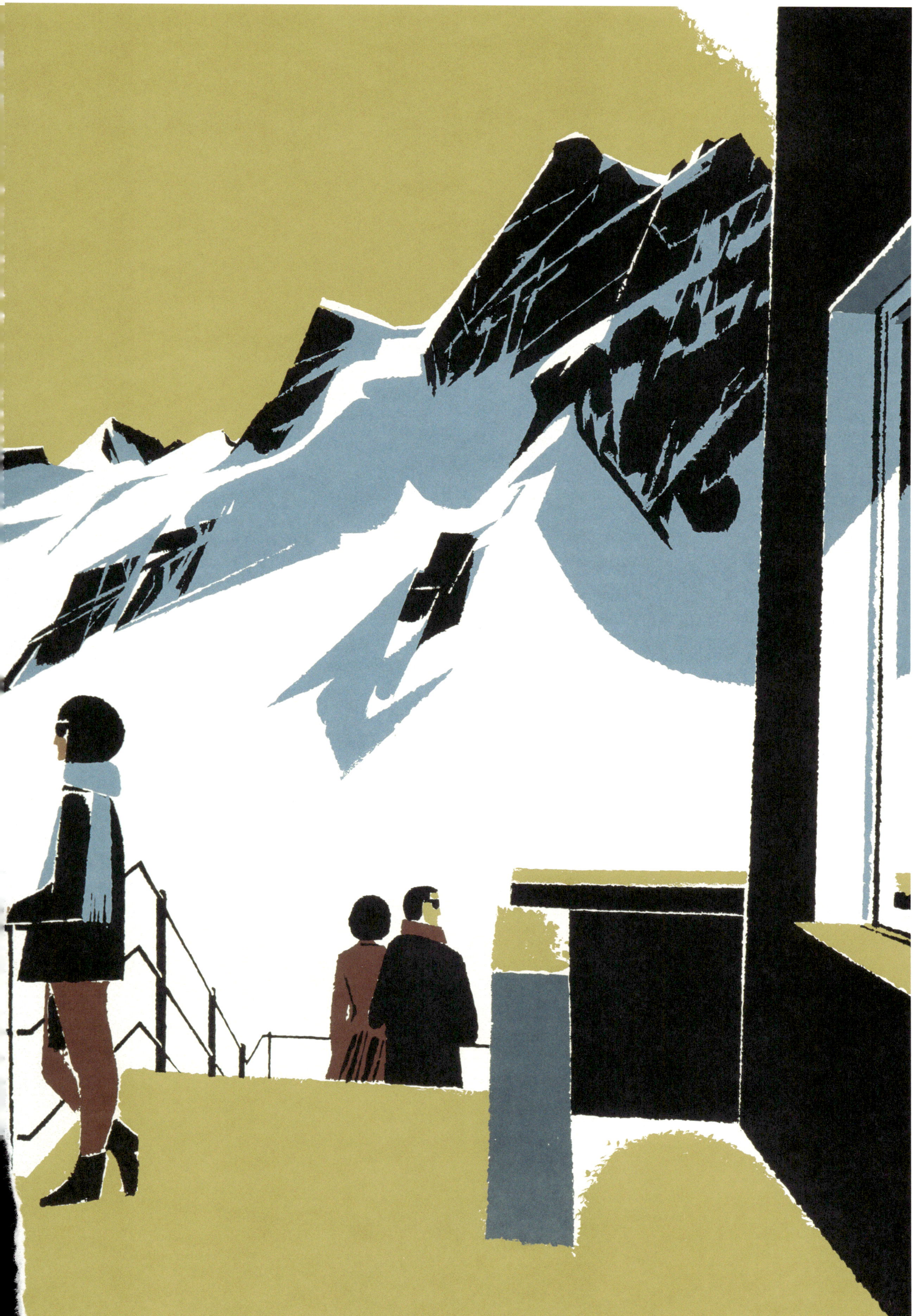

aujoch
3573 m / Berner Oberland

Jungfr

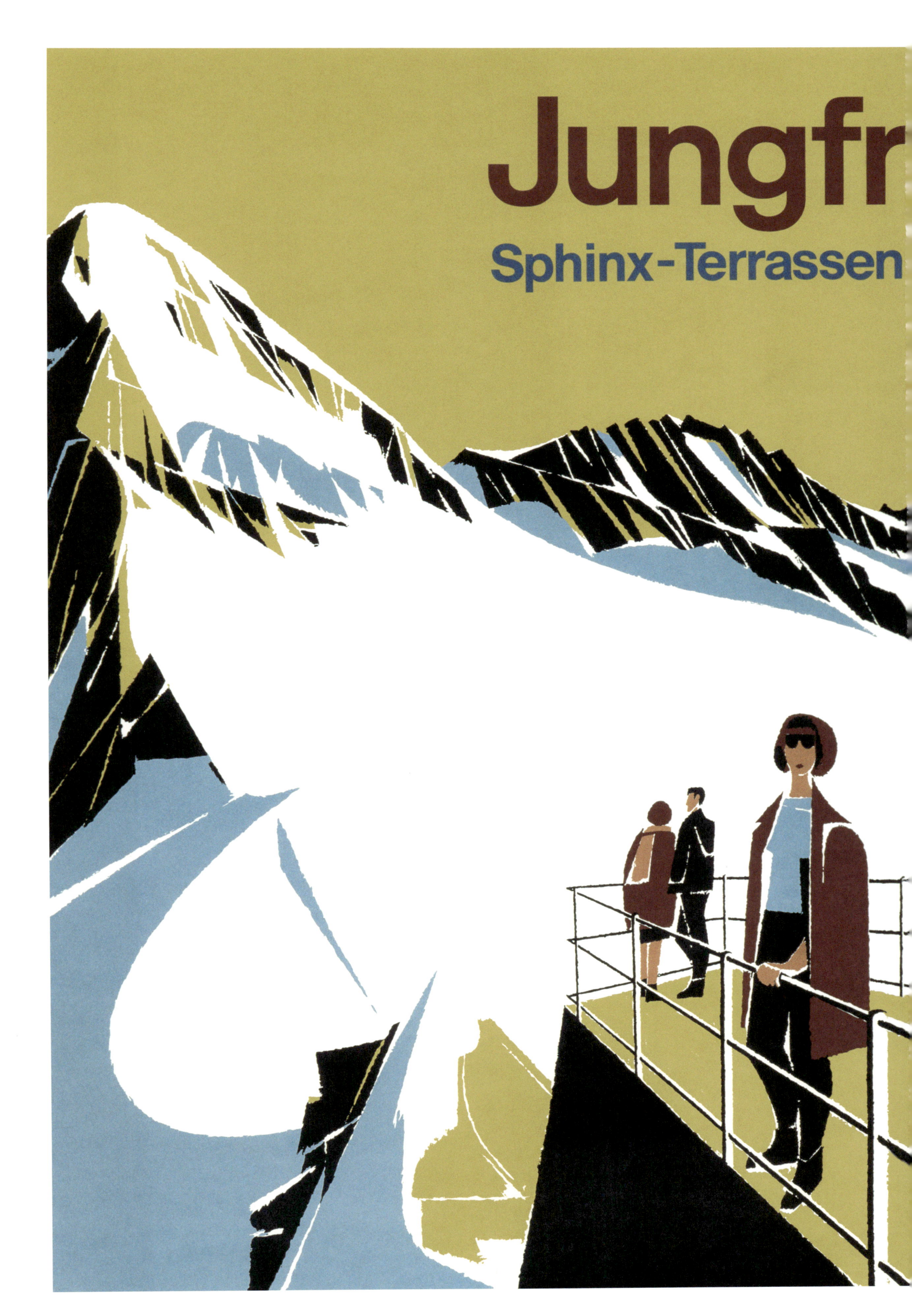

Sphinx-Terrassen

Auch im Winter mit der „SWISSAIR"

In der Schweiz gedruckt

Mürren

BERGBAHN **MÜRREN** FUNICULAIRE
1650 M.ü.M.
SUISSE · BERNER-OBERLAND · SWITZERLAND

H.VON TOBEL, ATELIER GRAPHIQUE, MEILEN

← 18 km Interlaken

MÜRREN

Mürren (1650 m) ist das höchste Dorf des Berner Oberlands und eines der höchstgelegenen in ganz Europa. Das auf mächtigen Felsen hoch über dem Tal von Lauterbrunnen zwischen steil aufsteigenden Bergen und wilden Gletschern gelegene Dorf ist ein einmaliger und unvergesslicher Anblick. Wer einige Zeit auf das mondäne Grossstadtleben verzichten kann, dem wird Mürren eine ausgezeichnete Sommer- oder Winterfrische bieten. Wintersportler werden sich besonders wohl fühlen. Die Allmendhubel-Rodelbahn hat ein Gefälle von 300 Metern und führt in scharfen Haarnadelkurven abwärts. Eine Seilbahn verbindet Start und Ziel. Das Arlberg-Kandahar-Skitreffen, eine der grössten Sportveranstaltungen, wird alle zwei Jahre in Mürren abgehalten.

WENGEN
SCHWEIZ

WENGEN
JUNGFRAUGEBIET

WOLFSBERG·ZÜRICH

↑ Mönch (4107 m)   ↑ 3457 m   Jungfrau (4158,2 m) ↑

Das Jungfraujoch

Wengen ist aus mancherlei Gründen bekannt, vor allem wegen seiner spektakulären Sonnenuntergänge. Der rotgoldene Glanz hüllt die Gipfel der Berge, die Täler, die ganze Welt in atemberaubende, fast unglaubliche Schönheit ein.

Während der Weiterfahrt weiss man noch nicht, was einen erwartet. Die Jungfrau, einer der schönsten Berge der Welt, mit ihrer ganzen Romantik und ihrer majestätischen Schönheit, ist nicht nur von Menschen bezwungen worden. Durch eine Leistung, die eines der grossen technischen Wunder der Welt ist, haben die Schweizer den Berg für jeden Menschen erschlossen und zugänglich gemacht. Sie brauchen sich nur in Ihrem Sessel zurückzulehnen und die Schönheit in sich aufzunehmen. Die Bahn trägt Sie bequem und sicher hinauf.

Auf der Kleinen-Scheidegg (2046 m) steigen Sie in die Jungfraubahn um. Die Fahrt führt zunächst über grüne Matten, der Blick geht zum Mönch, auf Mürren, das Wetterhorn und Grindelwald. Zwischen Kleine Scheidegg und dem Eigergletscher (2323 m) sind Sie weitere 259 Meter höher gestiegen. Hier gibt es ein Restaurant mit herrlicher Veranda, Polarhunden, Murmeltieren und — sehr wichtig — einem Postamt. Hier können Sie all' die fälligen Muss-Postkarten aufgeben, und der Empfänger ersieht hoffentlich daraus, dass Sie nun in Regionen gefahren werden — die kaum ein Mensch zuvor mit mechanischen Verkehrsmitteln erreicht hat —, ehe die Jungfraubahn existierte.

JUNGFRAUJOCH

3457 m.ü.M.

Schweiz

Besuchen Sie den Eispalast

Eislauf das ganze Jahr

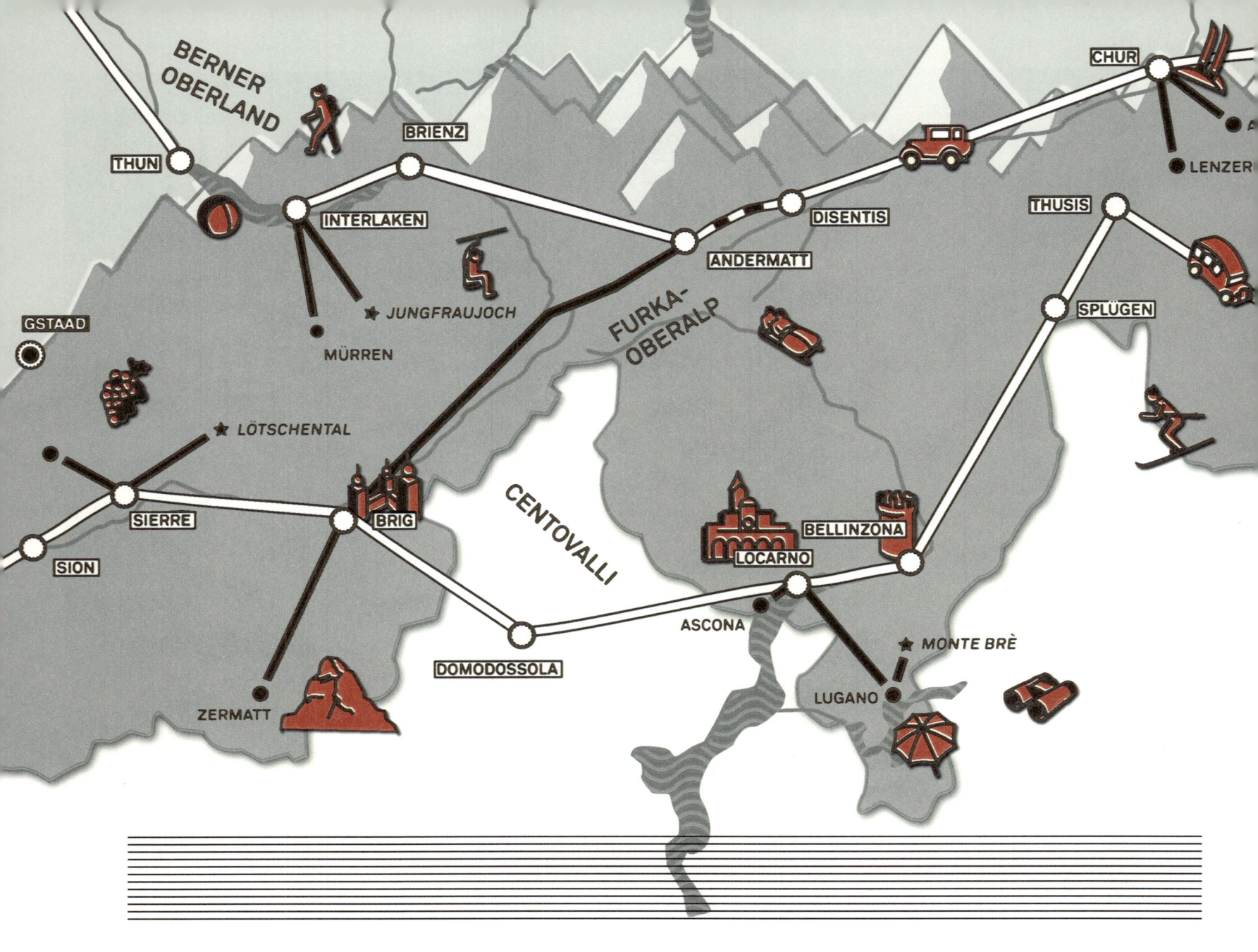

... Und nun werde ich Sie dort in der wunderbaren Höhe der Jungfrau mit Ihren Gedanken allein lassen. Den Weg zurück zum Berghaus werden Sie allein finden. Der Alltag, Städte, rasende Autos, Verkehrsampeln, Büros, Telefone und Bankkonten werden Ihnen hier oben unwirklich vorkommen. Und doch werden Sie sich — und das ist ein seltenes Gefühl — der allmächtigen Natur und dem schöpferischen Menschen gleich nahe fühlen. Die schneebedeckten Gipfel, die Gletscher, die weiten Fernen und die gewaltige Stille um Sie her werden Ihre Vorstellungskraft und Ihr Blut aufwühlen. ‹Die Macht der Natur ist unbesiegbar›, werden Sie einen Augenblick lang denken. Aber schon im nächsten Augenblick werden Sie stolz darauf sein, ein Mitglied der Menschheit zu sein, jener Menschheit, die an diesem Ort das Unbesiegbare besiegte.

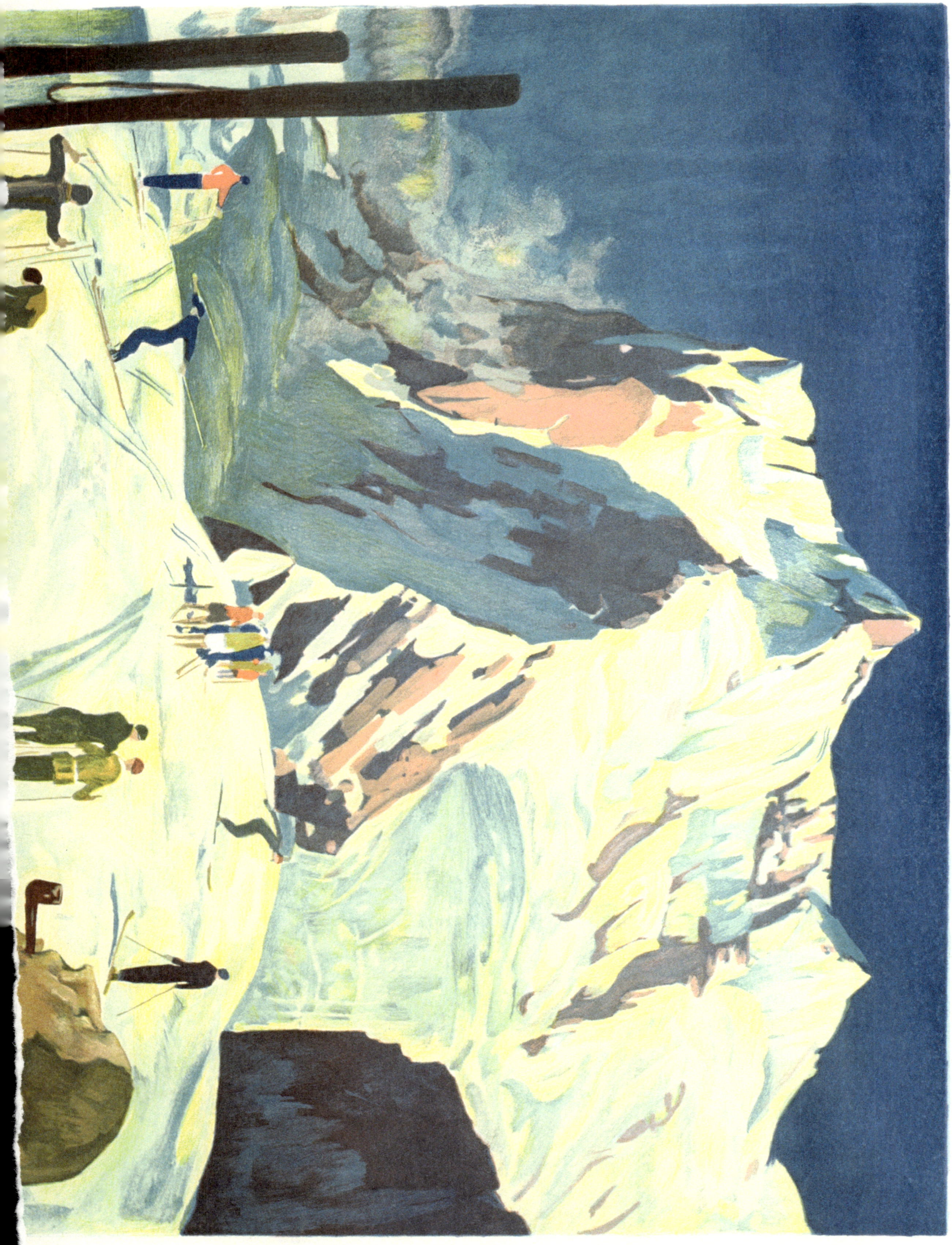

Aischnee bis in den Mai hinein
Scheideghotels
WENGERNALP- u. JUNGFRAUBAHN

Skischnee
bis in den Mai hinein
Scheidegg-Hotels
WENGERNALP- u. JUNGFRAUBAHN

KUNSTANSTALT BRÜGGER A. G. MEIRINGEN

TRÜMMELBACH
LAUTERBRUNNEN · SCHWEIZ

LAGO AZZURRO PRESSO KANDERSTEG
FERROVIA DEL LOETSCHBERG
OBERLAND BERNESE SVIZZERA

HUBER, ANACKER & CIE, AARAU & LUZERN

← 29 km Thun   Brienz 17 km →

Interlaken

Interlaken liegt, wie schon der Name andeutet, zwischen zwei Seen, dem Thuner und dem Brienzer See, auf einer schmalen Landzunge, durch die die Aare fliesst. Als Tor zum Berner Oberland wurde Interlaken eigentlich nur für den Zweck geschaffen, die Sommerfrischler in Scharen anzuziehen. Ausserhalb der Saison, vom Spätherbst bis zum Frühjahr, ist in Inter-laken alles geschlossen; die Hotels und die Bars, die vielen Teestuben und das Kasino machen den Eindruck trostloser Verlassenheit. Geschmack und Stil des ausgehenden 19. Jahrhunderts geben den prunkvollen Fassaden, den mit Vergoldung und Plüsch dekorierten Hotelhallen das Gepräge. Die Stationswagen der grossen Hotels, die Reisende und Gepäck vom Bahnhof holen, stammen ohne Zweifel zum Teil aus dem Jahr 1920. Steife Blumenbeete, mit Kiosken im Châletstil und Andenkengeschäften durchsetzt, säumen die Hauptpromenade von Interlaken, wo Sonnenschirm und Pompadour durchaus kein ungewöhnlicher Anblick sind. Die riesige Halle des Kasinos mit den schachbrettartig arrangierten kleinen Tischen wirkt abends ziemlich bedrückend, trotzdem Jazzkapellen sich bemühen, ein bisschen Stimmung zu machen. Jodlergruppen, deren Mitglieder nach Gesichtspunkten schöner Kostüme und hübschen Aussehens ausgewählt werden, nicht auf Grund stimmlicher und musikalischer Qualitäten, versuchen die Kurgäste mit ihren Darbietungen zu unterhalten. Jodeln ist ganz interessant, wenn man es zum erstenmal hört, und in der freien Natur hört es sich immer hübsch an, aber in einer Halle ist die Wirkung völlig verfehlt. Selbstverständlich besitzt der Kurort auch eine Anzahl ausgezeichneter Restaurants, Bars und Tanzlokale.

Interlaken

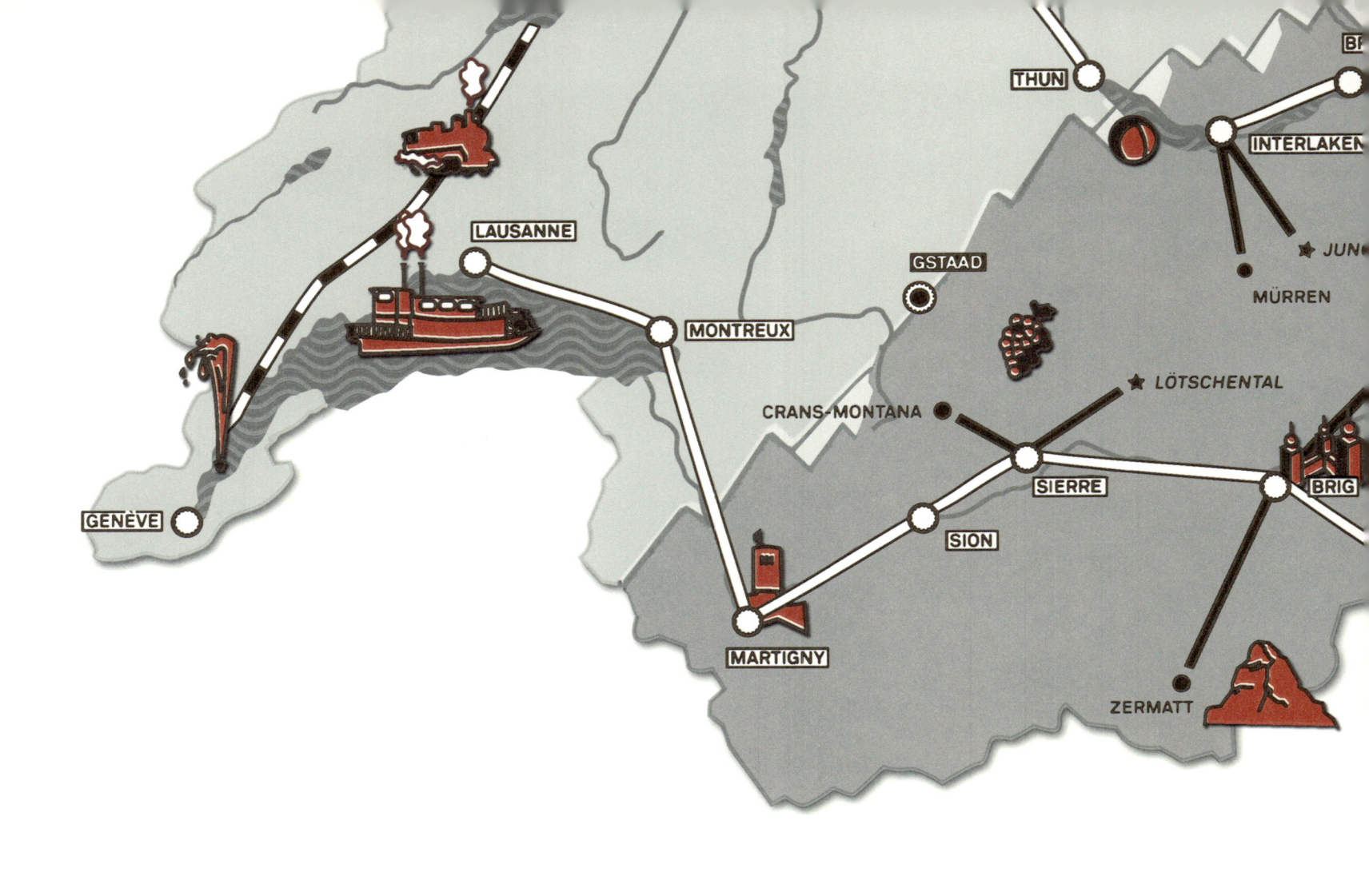

… Interlaken selbst bietet keine Sehenswürdigkeiten, es ist vornehmlich ein Ausgangspunkt für Ausflüge aller Art, auch für Hochgebirgstouren, und zwar richtige: mit Führer, Eispickel, Kletterseil und allem, was man braucht, um durch Kamine zu klimmen, über Abgründe zu baumeln und auf Gletschern zu schlittern.

An erster Stelle unter den Ausflügen steht natürlich die Tour auf das Jungfraujoch, auf dessen Kamm die höchste Bahnstation und das höchste Observatorium Europas stehen. Wer Herzbeschwerden oder hohen Blutdruck hat, sollte diesen Ausflug nur nach vorheriger Konsultation seines Arztes unternehmen. Es ist sehr unangenehm, höhenkrank zu werden. Von Interlaken zum Jungfraujoch fährt man über Grindelwald zur Kleinen Scheidegg (2064 m), wo die letzte Bahnetappe ihren Anfang nimmt. Der Reisende wird, je nach Temperament, von dieser Reise in die grimmig, einsame Bergwelt mit den schroffen

Felsen und der polaren Eis- und Schneelandschaft entzückt oder bedrückt sein.

Da Interlaken fast ausschliesslich für den Fremdenverkehr da ist, wurde natürlich nichts unterlassen, um die Verkehrsverbindungen nach allen Himmelsrichtungen auszubauen und zu vervollkommnen. Fast scheint es so, als ob jeder Gipfel und jeder Fels entweder von Tunnels durchbohrt oder mit den Leitungen einer Seilbahn gefesselt worden sei. Touristen werden mit unwahrscheinlichen Geschwindigkeiten auf die Höhen befördert, um dort das Alpenpanorama aus diversen Höhenlagen und Blickwinkeln geniessen zu können. Zahnradbahnen klettern bergauf und bergab, auf den Strassen rollen die farbigen Autobusse daher. Die Schweizer haben hier ihrem technischen Geschick freien Lauf gelassen, indem sie Berge durchwühlten und Trägermasten auf scheinbar unzugänglichen Felsen errichteten.

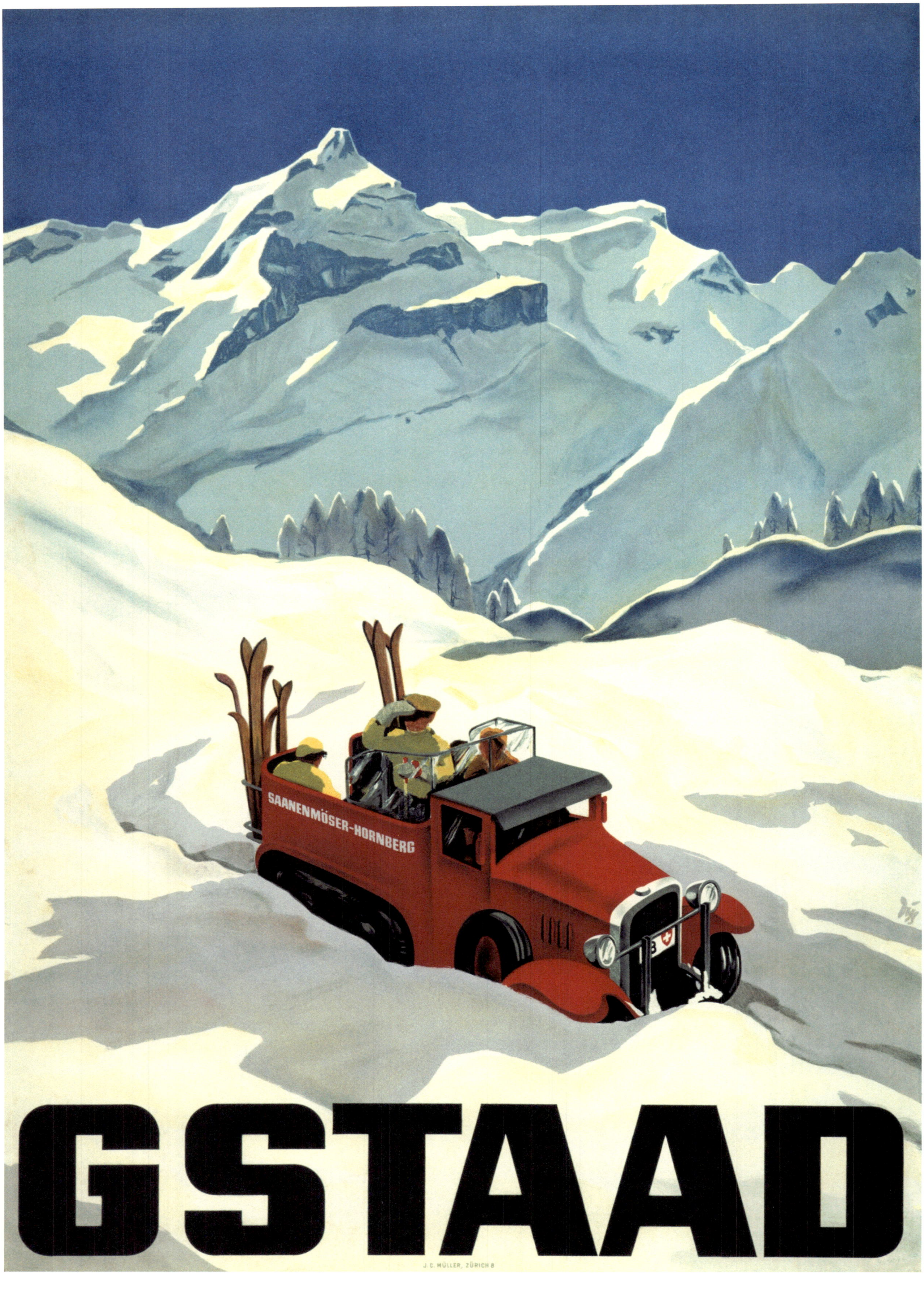
SAANENMÖSER-HORNBERG
GSTAAD
J. C. MÜLLER, ZÜRICH 8

THUNERSEE

Thun
Hilterfingen
Oberhofen
Gunten
Neuhaus

Spiez
Merligen
Sigriswil
Faulensee
Beatushöhlen

Das schöne Schweizer Feriengebiet

BERN

Bern ist eine schöne, wenn auch kleine Landeshauptstadt, denn es zählt nur 150'000 Einwohner, aber es gleicht den Mangel an Umfang durch feierliche Würde aus. Das kommt nirgends besser zum Ausdruck als beim Anblick des Bundeshauses, von dessen blumengeschmückten Terrassen der Blick über die schnellfliessende Aare am Fuss kahler, steiler Felsen schweift. Die Stadt schaut zu den schneebedeckten Alpen auf, dem ewigen Hintergrund der Schweizer Geschichte.

Bern ist nicht freigiebig mit seinen Schätzen. Man legt sie dem Ankömmling nicht zu Füssen, um sich dann an seinen Lobpreisungen zu weiden. Bern verhält sich reserviert. Es ist ganz entschieden keine Stadt des Fremdenverkehrs, vermutlich weil es nicht nur Bundeshauptstadt, sondern auch die Heimat einiger Patrizierfamilien ist, deren Namen so alt sind wie die Schweizer Geschichte. Auf ihr Münster können die Berner stolz sein. Der Bau wurde 1421 von Matthias Ensinger begonnen, am Rundgang arbeitete der Meister Erhard Kung von 1484 bis 1506. Nach der Reformation wurde das Münster von Daniel Heinz aus Basel in 25-jähriger Arbeit vollendet.

Man kann es nicht abstreiten, Bern ist kühl und etwas hochnäsig. Und dennoch ist der Frohsinn auch hier zu Hause, wie könnte es anders sein in der Stadt der entzückenden Brunnen und des Zibeli-Marktes? Aber dieser Frohsinn wird vom Mantel der Bundeswürde gedämpft, von der etwas verblichenen Pracht alter Patriziermacht, die heute kaum mehr ist als eine geruhsame Bürgerlichkeit. Vielleicht fürchtet Bern auch, es müsste sich wegen seiner für eine Landeshauptstadt unzulänglichen Grösse entschuldigen.

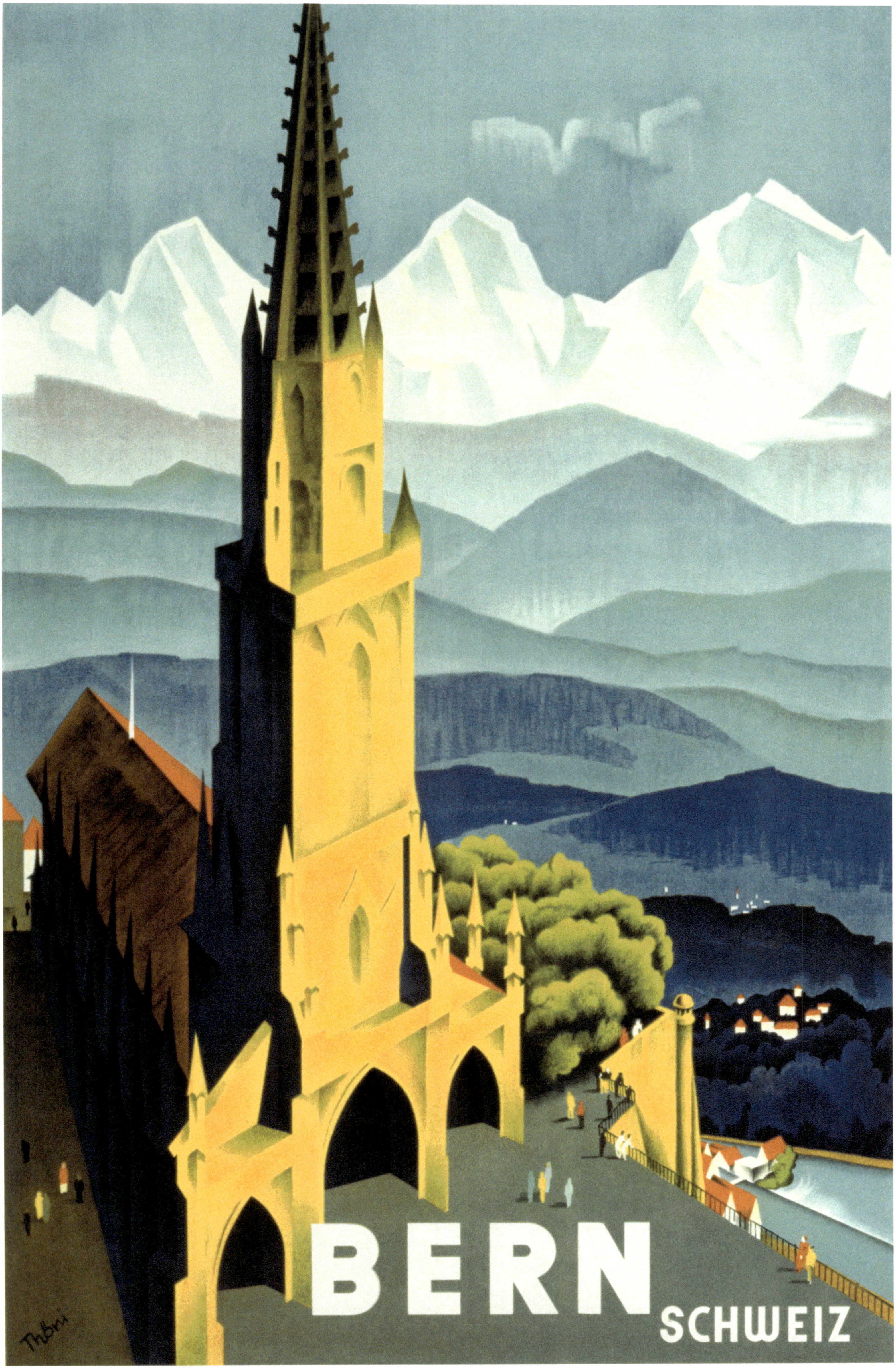
BERN
SCHWEIZ

Kornhauskeller
BERN

Jahrhunderte internationalen und diplomatischen Lebens haben nicht vermocht, aus Bern eine fröhliche Stadt zu machen. Seine Vergnügungen und Unterhaltungen sind sehr züchtig. Die Universität — deren rechtswissenschaftliche Fakultät berühmt ist — bringt wohl viele junge Leute in die Stadt, aber die Studenten ziehen es vor, in ihren Stammlokalen zu bummeln, und so fallen sie im Stadtbild kaum auf.

BLICK VOM KURSAAL

BERN
SCHWEIZ

Bern — Die Einkaufstour

Die Berner, so heisst es, sind die langsamsten Leute der Schweiz. Erzählen Sie nie einem Berner am Sonntagmorgen einen Witz, er wird die Pointe nicht eher begreifen, als bis er in der Kirche sitzt — und dort lacht er dann aus vollem Halse. Das Gleiche sollte man sich beim Einkaufen merken. Versuchen Sie nie, in Bern eilige Einkäufe zu tätigen; gehen Sie nur einkaufen, wenn Sie sehr viel Zeit haben. Ihre Geduld wird durch allerbeste Qualität reich belohnt werden. Das dauerhafteste Tuch, die süssesten Konfitüren und die dickste Sahne der Welt werden im ‹Bernbiet› feilgeboten.

Sahne! Es ist kein Wunder, dass die Berner Damen ein bisschen zur Molligkeit neigen. In ganz Bern gibt es nichts zu essen, das nicht in heisse frische Butter getaucht oder mit dicker Sahne übergossen ist. In einer Konditorei wird den Gästen sogar geraten, das Rauchen zu unterlassen, damit sie den Geschmack des Kuchens, der Torten und der Schlagsahne so richtig geniessen können.

Die Spezialitäten der ganzen Gegend, insbesondere aber der Stadt selbst, sind gebutterte Milchsemmel, Käse, Marzipan, Schokolade, Torten und Konfitüren sowie einige Dutzend verschiedener Kuchen. Führende Konditoreien sind das «De la paix», Schauplatzgasse 35; «Bareck», Bärenplatz 2; «Mever A.G. Konfiserie Teestube», Marktgasse 37; und «Oppliger & Frauchiger», Spitalgasse 1.

—

Das Paradies der Sportler
Ganzjährig geöffnet

Die Schweiz ist ein Land des Sports. Dem Sportbegeisterten, ob er sich nun aktiv betätigt oder nur zuschaut, wird jede erdenkliche Sportart geboten, ausgenommen Wellenreiten in der Brandung. Das Land der Alpen und der Seen hat seine eigenen Nationalsportarten, wie etwa das Stilringen, Schwingen genannt, das Scheibenschiessen auf dem Stand, ein besonders beliebtes Sonntagsvergnügen, Turnen und eine Art Schlagball mit Namen Hornussen.

Wenn Sie als Zuschauer internationale Sportereignisse geniessen wollen, kommen Sie in der Schweiz auf Ihre Kosten. Da sind die spannenden Autorennen um den Grossen Preis von Bern oder Genf und das ausserordentlich harte Radrennen ‹Tour de Suisse›, bei dem Sie sich unwillkürlich fragen werden, was eigentlich aus Ihren eigenen Beinmuskeln geworden ist. Ausserdem werden internationale Tennis-, Golf- und Eishockey-Turniere geboten, Fussball, Segeln, Schwimmen und Eiskunstlauf. Für Zuschauer und Teilnehmer gleichermassen aufregend sind Skijöring hinter Pferden, Autos und Flugzeugen, alpine Autorennen, Angeln in reissenden Gebirgsbächen, Pferderennen auf gefrorenen Seen, Eisschiessen und Bobrennen. Doch vor allem anderen ist die Schweiz das Land der Skifahrer und Bergsteiger.

—

Westschweiz.
Arbeiter-Schwingfest

Sportplatz Neufeld — **BERN** — **Sportplatz Neufeld**

28. August event. 4. September 1938

Luzern

Trotz des unaufhörlichen Stroms von Fremden, deren Wünsche ihnen Befehl sein muss, trotz der vielen Hotels und unzähligen Fremdenpensionen haben die katholischen Luzerner ein unberührtes Eigenleben. Sie sind fröhlich und leichtherzig, ja leichtlebig. Ob das ein Überbleibsel des österreichischen Einflusses ist? Sie haben es verstanden, den Ruf Luzerns als einer Stadt der Kongresse und der Konventionen zu begründen, so dass heute tausende nationaler und internationaler Vereinigungen, Klubs und wissenschaftlicher Gesellschaften ihre Zusammenkünfte und Tagungen in Luzern abhalten. Das Kongresshaus bietet für diese Zwecke jede erdenkliche Bequemlichkeit.

Wie so viele Schweizer Städte, liegt auch Luzern um die Bucht eines Sees, dort, wo die grüne Reuss ihm entströmt, um sich mit der Emme zu vereinigen. Die beiden gedeckten Holzbrücken aus dem 14. Jahrhundert, die alten Häuser auf beiden Seiten des Flusses und die trutzigen Stadtmauern geben dem alten Teil der Stadt das Gepräge mittelalterlichen Wohlstandes. Die schönen alten Brunnen, so der Weinmarktbrunnen, der Fritschi- und der Wagenbachbrunnen, unterstreichen diesen Eindruck.

Aber Luzern kann kaum als ein geeigneter Platz für grosse Einkäufe bezeichnet werden; in den einheimischen Geschäften findet allerdings auch der Fremde mancherlei Preiswertes. Andenkengeschäfte gibt es im Überfluss, und die Auswahl an Uhren in den Schmuckgeschäften ist gross.

Luzern

das Juwel der Heimat

VIERWALDSTÄTTERSEE
DAMPFSCHIFFAHRT
SUISSE . SCHWEIZ . SWITZERLAND

A. TRÜB & CIE. AARAU.

Die Tellsage

Viele Leute reisen nach Altdorf, um den Schauplatz des Apfelschusses zu sehen. Ein bronzenes Standbild zum Gedenken Tells steht auf dem Markt, und im nahen Theater kommt Schillers Drama alljährlich zur Aufführung. In Altdorf berichtet jeder Bürger stolz von Tells Taten. Die meisten Dörfer der Umgebung haben irgendeine Verbindung zu dem Nationalhelden ausgegraben, um den Fremdenverkehr anzukurbeln. In Burglen im Schachental soll er geboren sein. Wo sein Haus gestanden hat, befindet sich heute eine Kapelle, und am Schachenbach, wo Tell bei einem Versuch, ein ertrinkendes Kind zu retten, zu Tode gekommen sein soll, steht ein Steinkreuz.

—

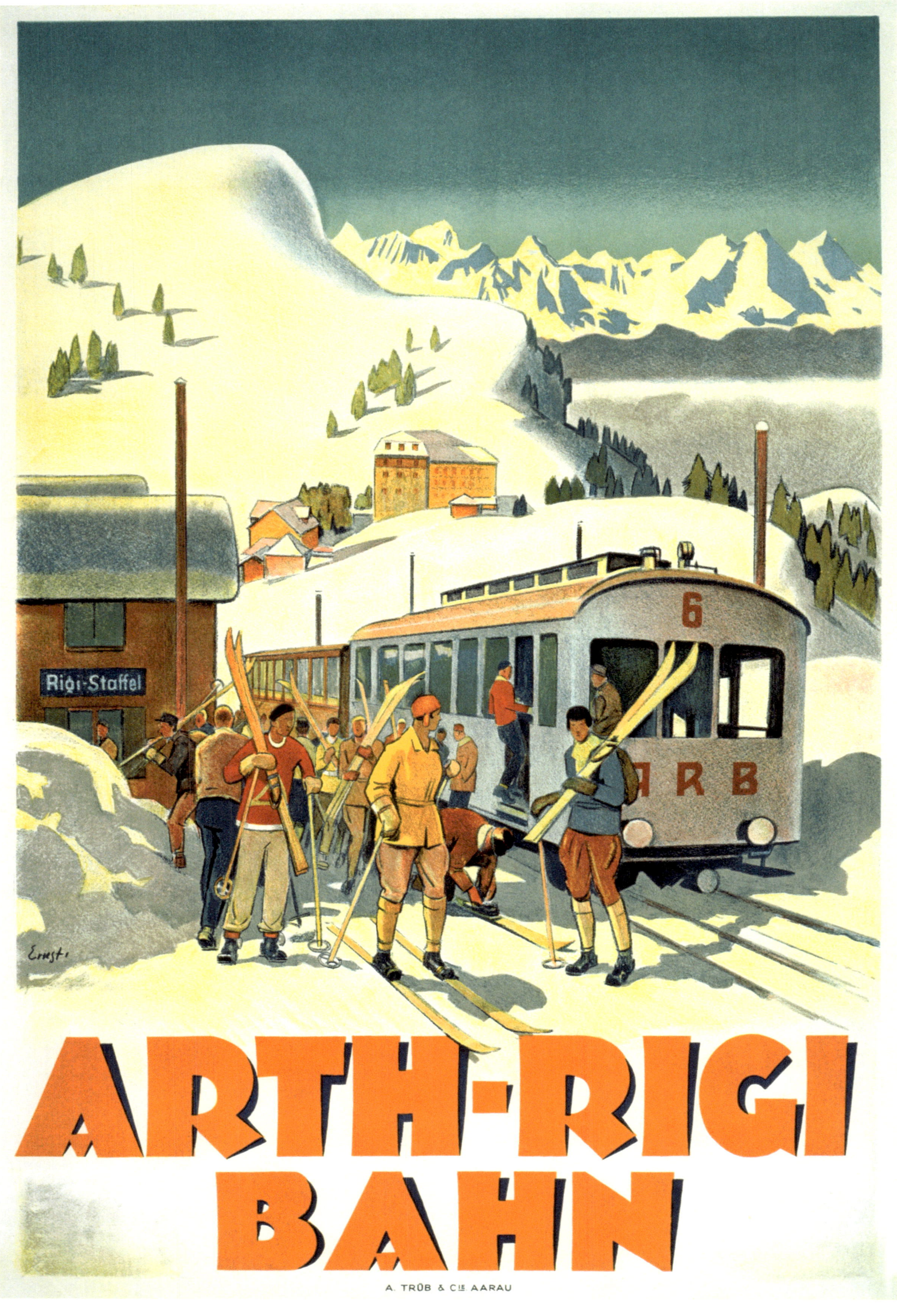
Rigi-Staffel
6
ARB
ARTH-RIGI
BAHN
A. TRÜB & Cie AARAU

zum Wintersport mit der Eisenbahn

Ausflug zum Pilatus

Als Ausgangspunkt für Ausflüge können nur wenige Städte sich mit Luzern messen. Ein schöner Halbtagsausflug z.B. ist die Motorbootfahrt nach Triebschen, dem Zufluchtsort Richard Wagners. Erinnerungen an den Meister, die in jüngerer Zeit gesammelt wurden, sind im Wagner-Haus, jetzt Museum, ausgestellt. Mit Bus oder Seilbahn geht es auf den Sonnenberg, nach Sonnmatt, Wurzenbach, Meggen, Kastanienbaum, Horw und vielen anderen hübschen Luftkurorten.

Dann ist da der Pilatus mit seiner rätselhaften Schönheit. Er verdankt seinen Namen einer Legende. Nach der Kreuzigung soll Pontius Pilatus vom Teufel hierhin verbannt worden sein, und noch heute auf dem Berg umherirren, ewig seine Hände ringend, als ob er versuche, sie zu waschen. Der Gipfel des Pilatus ist mit der Zahnradbahn von Alpnachstad zu erreichen. Von oben hat man einen Rundblick von atemberaubender Schönheit über den ganzen Luzerner See und auf die Alpen vom Berner Oberland bis zum Engadin. Zahlreiche Spazier- und Wanderwege geben Gelegenheit, die Hochgebirgslandschaft aus allen Perspektiven zu bewundern.

—

PILATUS

SUIZA · SUISSE · SCHWEIZ · SWITZERLAND

PILATUS 2132 m.ü.M.
der unvergleichliche
AUSSICHTSBERG

SUIZA · SUISSE · SCHWEIZ · SWITZERLAND
PILATUS
PILATUS 2132 m.ü.M.
der unvergleichliche
AUSSICHTSBERG

LUFTVERKEHR

Die Schweiz ist mit den Flughäfen von
Basel, Biel, Genf, Lausanne und Zürich und
(durch Zubringerdienst) von Bern und Luzern an das

internationale Luftverkehrsnetz

angeschlossen.

DAMPFSCHIFFFAHRTEN

Auf dem Rhein und auf den grösseren Seen
sind regelmässig Dampferlinien
(teilweise mit Restaurationsbetrieb)
eingerichtet, für die meistens auch die Fahrkarten
der Eisenbahn Gültigkeit haben.

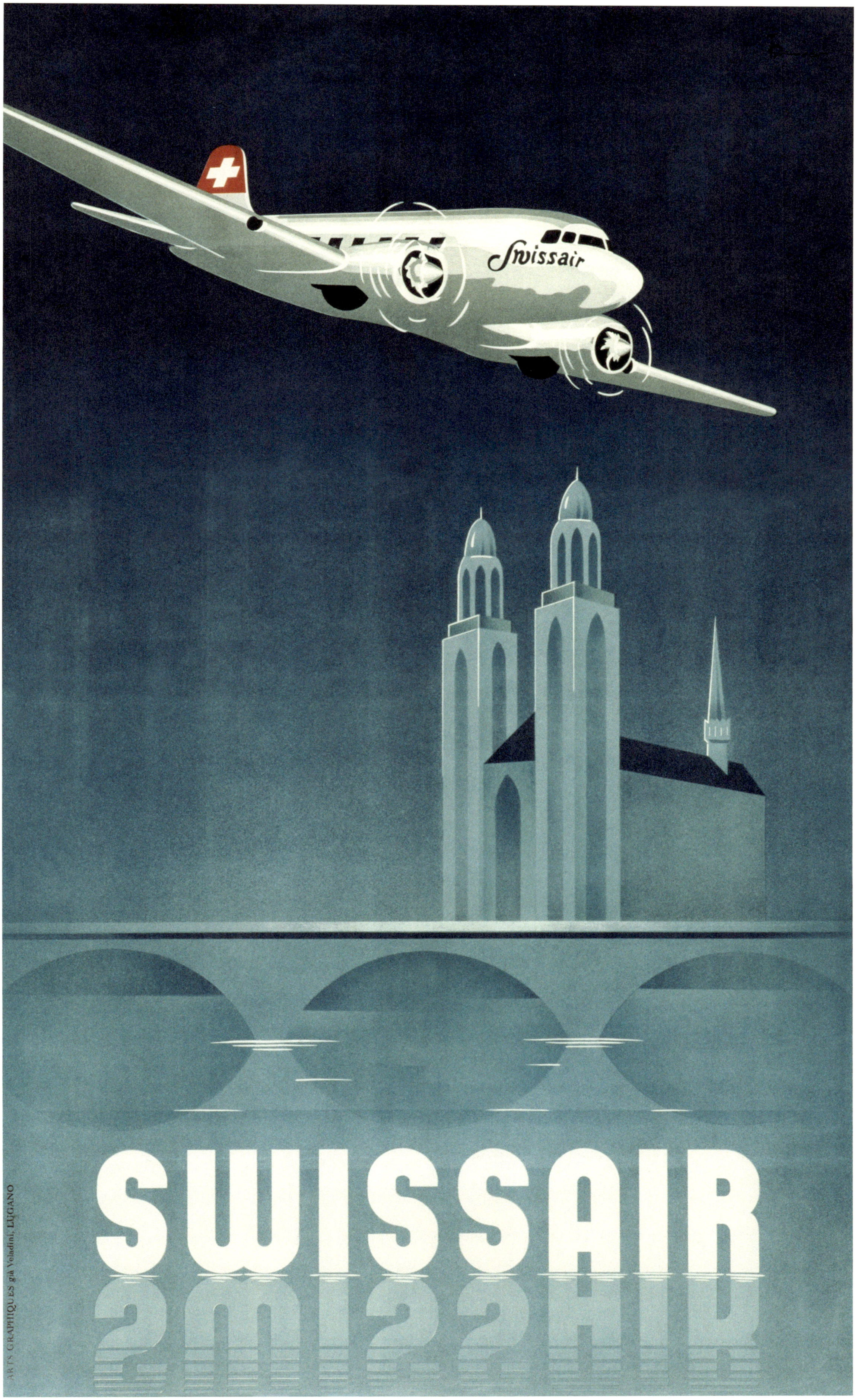
Swissair
SWISSAIR
ARTS GRAPHIQUES già Veladini, LUGANO

ZÜRICH

Zürich, mit seinen 350'000 Einwohnern die grösste Stadt der Schweiz, ist wohl, von den Städten dieses Formats, die schönste auf der ganzen Welt. Sie gilt als die reichste Stadt Europas. Es leben in ihr 400 Millionäre, die dies auf ihrer Einkommenssteuererklärung zugeben. Es ist deshalb nicht verwunderlich, dass man auf der Bahnhofstrasse, der Hauptgeschäftsstrasse Zürichs, aus dem Staunen nicht herauskommt. Für den reisenden Ausländer ist ein Schaufensterbummel auf der Zürcher Bahnhofstrasse mindestens so aufregend wie eine Besteigung des Pilatus. Die Auslagen der Juweliergeschäfte sind teilweise so wertvoll, dass die Schaufenster mit dicken Stahlgittern gesichert werden müssen.

    Der Geist Zwinglis lebt in Zürich fort. Die guten Bürger von Zürich arbeiten schwer, sind gewissenhafte Kirchgänger und haben dem Vergnügen mit einer selbstgefälligen Befriedigung abgeschworen, die dem weniger tugendhaften Fremden ein Dorn im Auge ist.

ERÖFFNUNG
19. MAI 1936

ZÜRICH
STRANDBAD

WOLFSBERG·ZÜRICH

Der Fremde, der bis Mitternacht im Sanssouci bleibt oder in einem der vielen guten Restaurants sein Abendessen bis zu dieser Stunde ausdehnt, wird sich plötzlich zwei grimmigen Polizisten gegenübersehen, die für die Einhaltung der Polizeistunde sorgen. Draussen wird gerade die letzte Strassenbahn abfahren, und eine halbe Stunde später liegt die ganze Stadt in tiefem Schlaf. Sind die reisenden Ausländer junge Damen, die im Hotel wohnen und im Restaurant essen, so wird man ihnen kaum Schwierigkeiten machen. Sollten sie aber den Versuch unternehmen, in gesellschaftlichen Kontakt mit Zürcher Familien zu kommen, so müssten sie sehr schnell lernen, dass <u>Hilfsmittel zur Hebung beziehungsweise Unterstreichung der weiblichen Schönheit</u>, wie Lippenstift, dünne Nylonstrümpfe und Gewänder von Christian Dior, <u>in Zürich tabu</u> sind.

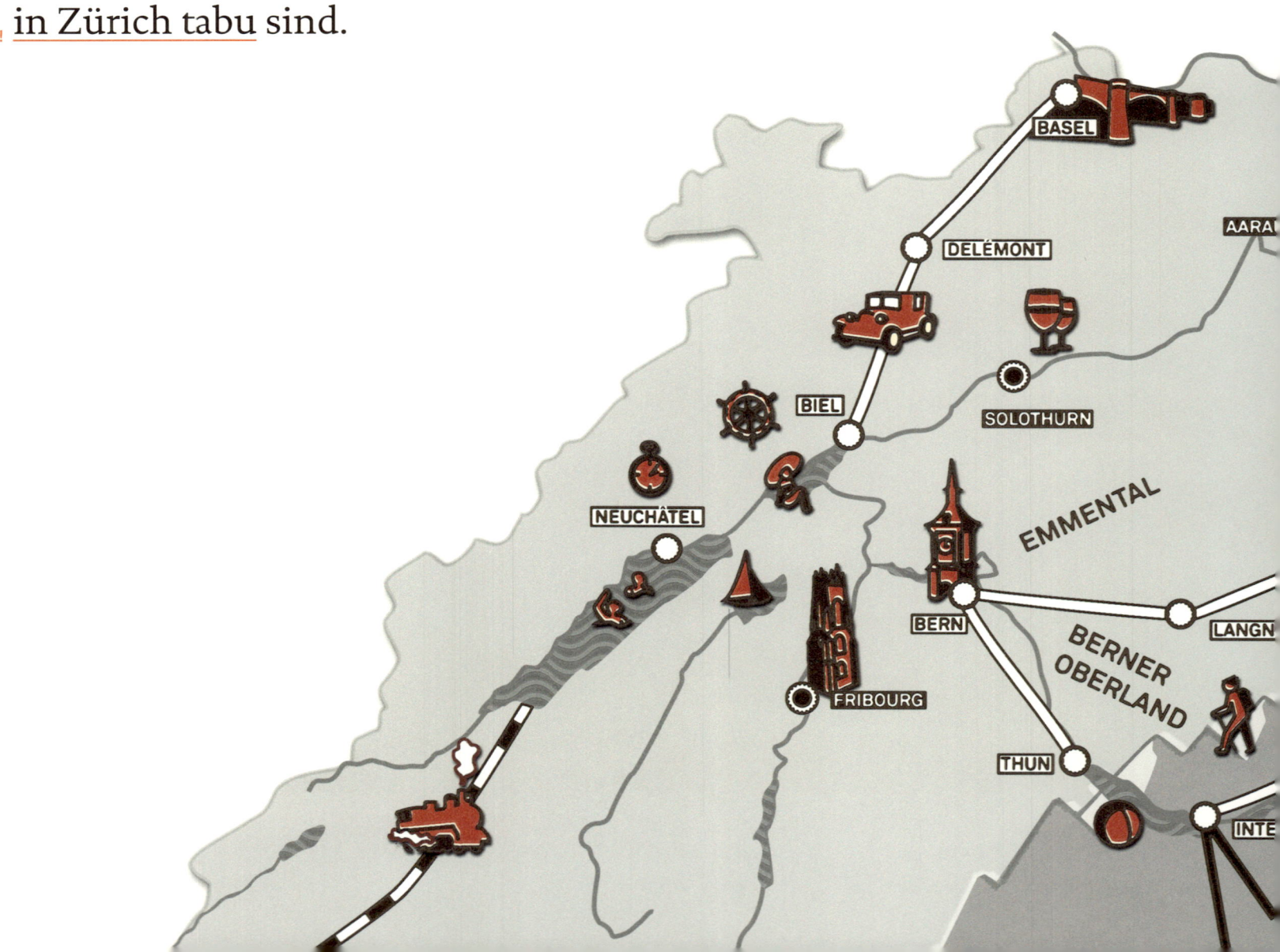

Trotzdem erweisen die Zürcher sich, wenn man sie etwas näher kennenlernt, als sehr nette Leute, die das Herz am rechten Fleck haben. Wenn es in Zürich regnet, und Sie haben keinen Schirm bei sich, wagen Sie sich ruhig hinaus. Sie sind noch keine zehn Schritte gegangen, da gesellt sich ein Zürcher zu Ihnen, um Sie zu beschirmen, und er wird einen weiten Umweg machen, damit Sie trocken an Ihren Bestimmungsort ankommen. Die Hilfsbereitschaft der Menschen ist herzerwärmend.

TAXI WINTERHALDER
37777

ZÜRICHSEE

"WOLFSBERG" ZÜRICH

Die Schweizer Lebensart
Vorliebe für Qualität

Eng verbunden mit der Gründlichkeit ist die Vorliebe des Schweizers für die Qualität. In der Schweiz gibt es keinen Markt für billige und minderwertige Ware. Schlechte Verarbeitung wird als eine Schande betrachtet. Im typischen Schweizer Heim, sogar im bescheidensten, findet man solide gearbeitete, stabile (allerdings nicht immer schöne) Möbel. Jungverheiratete legen grössten Wert auf eine erstklassige Schlafzimmereinrichtung, wenn sie auch mit nur einem Zimmer anfangen müssen. Bräute aus allen Schichten des Volkes sind stolz auf ihre Aussteuer; sie nähen und sticken die Wäsche selbst und geben für feines Material ihren letzten Rappen aus. In der Mittel- und Ostschweiz zeigt der Geschmack einen Hang zum Schweren, Massiven, während in den westlichen Kantonen mehr die lateinische Vorliebe für graziöse Eleganz zum Durchbruch kommt. Aber überall stehen gute Qualität und erstklassige Verarbeitung hoch im Kurs. Es braucht nicht besonders betont zu werden, dass diese Eigenschaften den Schweizern einen weltweiten Ruf als Hersteller von Qualitätswaren eingebracht haben. Ihr Alltag zeigt es an vielen Beispielen, so etwa in den Geschäften, Cafés und Restaurants, die mit hübschen, handgemachten Gegenständen luxuriös ausgestattet sind; Stühle, Tische, Lampen, Polstermöbel — alles ist sorgfältig geplant und auf das beste ausgeführt. Wenn einem die Geschmacksrichtung vielleicht nicht immer zusagt, so muss man doch zugeben, dass hier nichts Liederliches zu finden ist.

—

Esplanade
WERNER P. MAY
Utoquai ZÜRICH Stadttheater
GRAND CAFÉ-RESTAURANT-TEA-ROOM-BAR-HAUSORCHESTER
GEBR. FRETZ A.G. ZÜRICH

BELLEVUE-PLATZ

GRAND CAFE ODEON

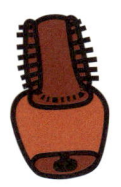

Atmosphäre

Die grossen Unterschiede und Gegensätze innerhalb der Schweiz sind vielfach durch die Atmosphäre bestimmt. In den deutschsprachigen Kantonen, in den grossen Städten Zürich, Bern und Basel, spürt man eine tiefe Zweckgebundenheit, einen Ernst, der keine Leichtigkeit zulässt. Das Leben und die Erhaltung des Lebens durch harte Arbeit bestimmen hier den Rhythmus. Das Streben nach Sicherheit durch Sparen ist Trumpf. Die schweizerdeutschen Geschäftsleute sind tüchtig. Sie teilen ihre Zeit säuberlich und genau in Arbeitstage im Büro und Ruhetage bei der Familie ein.

Es ist bezeichnend, dass die schweizerdeutschen jungen Mädchen aller Einkommensklassen — ausser der höchsten — nach der Schulentlassung als «Mädchen für alles» zu französischsprechenden Familien in Dienst geschickt werden. Dort erhalten sie für ihre Arbeit 40 bis 50 Franken im Monat, einige haben es sehr schwer und alle müssen kräftig zupacken. Diese Methode wird allgemein als ein ebenso praktischer wie billiger Weg betrachtet, um die Mädchen mit dem vielzitierten Ernst des Lebens bekannt zu machen. Den jungen Mädchen aus den französischsprachigen Kantonen bleibt die Prozedur im allgemeinen erspart.

In den westlichen Kantonen, vor allem in Genf und im Waadt, herrscht der lateinische Einschlag vor. Man nimmt das Leben leichter, und das Sparen wird nicht ganz so gross geschrieben. Auch hier ist die germanische Gründlichkeit spürbar, aber sie wird aufgelockert, ein wenig freundlicher gemacht durch eine gewisse Grazie und die Philosophie des ‹mañana›. ‹Es liegen noch mehr Tage hinter den Bergen,›

...

sagen die Lausanner und die Genfer. Das soll keineswegs heissen, dass die Leute hier faulenzen. Im Gegenteil, sie arbeiten sehr gründlich, aber sie spannen auch gründlich aus. Kinos, Theater, Nachtlokale usw. sind in diesem Teil der Schweiz sehr beliebt und verdienen gut. Sie werden nicht nur von Fremden besucht, auch die Einheimischen sind Stammgäste.

Wenn man, sagen wir, aus Zürich kommend das Tessin, den südlichsten Kanton der Schweiz, erreicht, so kommt man in eine andere Welt, ein Land des Lachens und der Mittelmeersonne. Die Üppigkeit der Vegetation südlich des St. Gotthard macht das Leben für die Tessiner leichter. Sie singen und trällern von früh bis spät, gehen auf ihren Piazzas spazieren und lassen sich in ihren gondelartigen Booten auf den Seen schaukeln. Wenn sie zum Norden blicken und die bewundernswerten Charakterzüge ihrer Landsleute sehen, nehmen sie sich vor, ihnen nachzueifern. Doch dann wandert ihr Blick nach dem Süden zurück, und sie können sich des Gedankens nicht erwehren, dass das Leben hauptsächlich dazu da ist, genossen zu werden.

...

Selbstverständlich ist innerhalb der Schweiz seit Jahrhunderten eine kleine Völkerwanderung von einem Gebiet in das andere im Gange, und Schweizer aus verschiedenen Kantonen und Sprachgebieten heiraten untereinander, so dass die besonderen Eigenarten sich mit der Zeit etwas vermischt und gemildert haben. Die deutschsprechende Bevölkerung, die immerhin 72 Prozent ausmacht, scheint dem Zauber des lateinischen Elements verfallen zu sein. Die Schweizerdeutschen wandern mit Vorliebe in die westlichen Kantone aus, errichten dort Geschäfte und sind damit sehr erfolgreich. Ihren Urlaub verbringen sie am liebsten im Tessin. Ihre französisch- oder italienischsprechenden Landsleute finden es viel schwieriger, sich den Verhältnissen jenseits der Sprachgrenze anzupassen.

—

Appenzellerland

Ein Tagesausflug führt von Zürich aus in das malerische Appenzeller Land. Man fährt über die Industriestadt Winterthur, wo Lokomotiven gebaut werden, und St. Gallen. Von St. Gallen geht es mit einer elektrischen Kleinbahn in einer Stunde über Teufen und Gais nach Appenzell. Die Rückkehr kann mit dem Zug über Gossau und Herisau erfolgen.

Der Kanton Appenzell war früher fast gänzlich von der Aussenwelt abgeschlossen und hielt streng an seinen alten Bräuchen fest. Er ist einer der Kantone, wo jedes Jahr am letzten Sonntag im April die Wähler zur Landesgemeinde zusammenkommen.

Das Appenzeller Land ist sehr reich; Weiden und Obstgärten bestimmen das Landschaftsbild. Auf den Kopf der Bevölkerung umgerechnet, ist es der reichste Kanton der Schweiz. Die Milch- und Käsewirtschaft wird mit einer Art Inbrunst betrieben, und die Kuh spielt sozusagen die erste Geige. Beim Almauftrieb im Frühjahr und beim Abtrieb im Herbst wird das Vieh festlich geschmückt, und das Volk jubelt. Voksbelustigungen aller Art werden abgehalten, die Kuh, die am meisten Milch gespendet hat, wird prämiiert und wie ein Filmstar gefeiert. Handstickereien, in Heimarbeit angefertigt, sind eine Spezialität des Appenzeller Landes, die die Reisenden gern erwerben. Man sollte sich jedoch wegen der Preise mit den Bauersfrauen nicht aufs Handeln verlegen. Sie kennen den Wert ihrer Arbeit zu genau.

Herisau *im grünen Appenzellerland*

WOLFSBERG-DRUCK ZÜRICH
ck
Säntis
Schwebebahn
Direktion in Urnäsch ‹Schwägalp› Schweiz · Tel. 5 82 04

St. Gallen

Die grösste Stadt in der Ostschweiz, wenigstens östlich von Zürich, und sicherlich die interessanteste für den Fremden, ist St. Gallen. Es bieten sich <u>zahlreiche Möglichkeiten für Ausflüge</u>, nach dem Bodensee, auf den Säntis (2504 m), ins Appenzeller Land.

      St. Gallen, knapp anderthalb Bahnstunden von Zürich entfernt, ist mit seinen 67'000 Einwohnern eine moderne kleine ‹Grossstadt›, ein wichtiges Zentrum der Textilindustrie. Doch ist der Reiz seiner mittelalterlichen Vergangenheit allenthalben deutlich zu spüren und zu sehen.

BODENSEE-TOGGENBURGBAHN

ROMANSHORN-ST.GALLEN-Appenzell-
TOGGENBURG-Zürichsee-Glarus-Zentralschweiz

STAB. RICHTER & C. NAPOLI

← 81 km St. Gallen   Konstanz (Deutschland) 46 km →

Schaffhausen

Schaffhausen, die Hauptstadt des nördlichsten Schweizer Kantons, ist eine reizende und sehr frohsinnige Stadt. Die Schaffhauser sind lebenslustiger als ihre Landsleute im Innern der Schweiz. Sie meinen, das käme daher, dass sie nicht von den Bergriesen eingeschüchtert und einsilbig gemacht würden. Ein anderer Grund mag in dem guten roten Wein zu erblicken sein, der in der Gegend gedeiht und von Weinkennern in der ganzen Welt geschätzt wird.

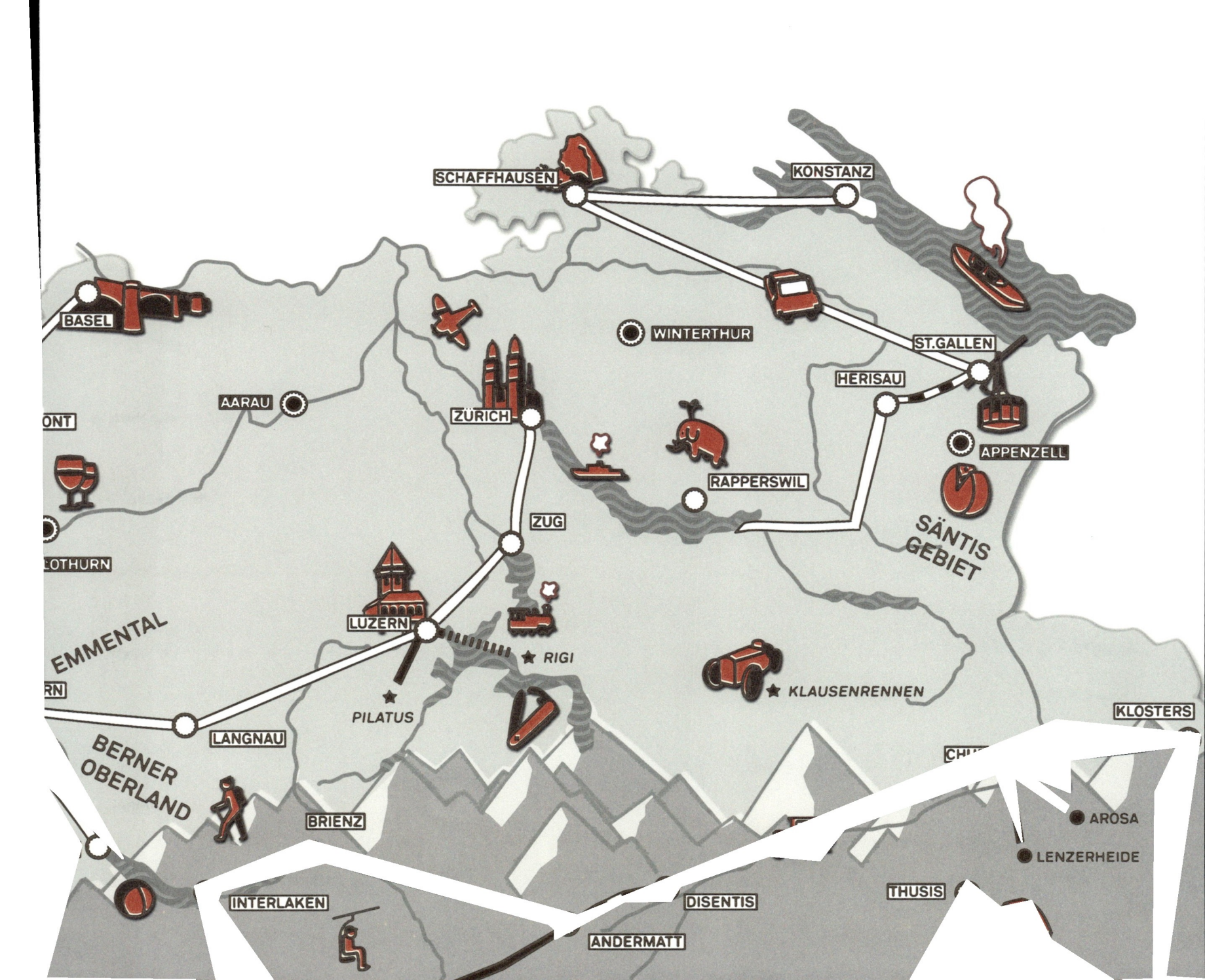

BODENSEE

Rundfahrten mit SBB-Schiffen

VERZEICHNIS

Seite 2 Alois Carigiet, Holidays in Switzerland (1938), 102 x 64 cm, SNTO Swiss National Tourist Office, Ringier & Co. AG Zofingen.
Seite 7 Für schöne Autofahrten die Schweiz, verbilligtes Touristenbenzin (1938), 103 x 65 cm, Ringier & Co. AG Zofingen.
Seite 11 Adrien Holy, SBB So reisen ist doppeltes Vergnügen (1955), 90 x 128 cm, Farblitho Publizitätsdienst SBB Bern, J.E. Wolfensberger AG Zürich.
Seite 12 Hans Beat Wieland, Schweiz Alp-Posten (1935), 64 x 102 cm, Lithografie.
Seite 15 Cuno Amiet, Bahnhof Büffet Basel (1921), 90 x 127 cm, Farblitho, Bahnhof Büffet Basel, Wolfsberg Zürich.
Seite 16 Dominik L. Burckhardt, Basel (1934), 100 x 65 cm, Offsetdruck, Gebrüder Lips AG Basel.
Seite 17 Bielersee / Lac de Bienne (1947), 88 x 121 cm, Farblitho, Schüler AG Biel.
Seite 18 Chemins de Fer du Jura Glovelier – Saignelégier – Le Noirmont – Tavennes – Le Noirmont – La Chaux-de-Fonds (ca. 1950), 64,5 x 104,5 cm, Farblitho, Schüler AG Biel.
Seite 21 Edouard Elzingre, Le canton de Neuchâtel, Suisse, un pays à visiter (1923), 99 x 64 cm, Farblitho, SBB, Lith. Atar Genf.
Seite 23 Henri Fehr, Genève, Switzerland (1950), 99 x 65 cm, Association des intérêts de Genève, Lith, Atar Genf.
Seite 25 Johann Emil Müller, Lausanne Ouchy (1929), 100 x 65 cm, Affiches Offset A. Marsens Lausanne.
Seite 27 Johann Emil Müller, Cie Générale de Navigation sur le Lac Léman (1927), 65 x 100 cm, Farblitho, Cie Générale de Navigation sur le Lac Léman, A. Marsens Lausanne.
Seite 28 Jacomo, Casino – Municipal de Montbenon – Lausanne (ca.1930), 100 x 70 cm, Lithografie mehrfarbig, Casino municipal de Montbenon Lausanne, A. Marsens Lausanne.
Seite 30 J. E. Müller, Lausanne-Ouchy Plage (1926), 90 x 127 cm; 65 x 100 cm, Farblitho, Verkehrsverein Lausanne, A. Marsens Lausanne.
Seite 31 Otto Ernst, Bergbahnen von Montreux und Territet nach Glion, Caux, Jaman und Rochers de Naye (1924), 70 x 100 cm, Farblitho, A. Trüb & Co. Aarau.
Seite 32 M.C. Sierre-Crans-Bella-lui Valais (1953), 64 x 100 cm, Farboffset, Klausfelder AG Vevey.
Seite 35 Maurice Freudler, Montana Vermala (1926), 102 x 64 cm, Farblitho.
Seite 36 Schweiz... für ihre Einkehr! (1965),127 x 91 cm.
Seite 38 Albert Nyfeler, Lötschental, Station Goppenstein an der Lötschbergbahn Wallis-Schweiz (1946), 101 x 64 cm, Farblitho, A. Trüb & Co. Aarau.
Seite 41 Hugo Schol, Zermatt, Matterhorn, Riffelalp, Riffelberg, Gornergrat, Blauherd, 1620–3100m, Suisse (1947), 102 x 64 cm, J.C. Müller AG Zürich.
Seite 42 Otto Ernst, Furka-Oberalp Brig-Gletsch-Andermatt-Disentis (1925), 100 x 64 cm, Lithografie mehrfarbig, Furka-Oberalp-Bahn, A. Trüb & Co. Aarau.
Seite 43 Martin Peikert, Brig, am Simplon, Schweiz, Suisse (1948), 102 x 64 cm, Farblitho, A. Trüb & Co. Aarau.
Seite 47 Daniele Buzzi, Locarno, Suisse, Swiss Riviera, Schweiz (1944), 100 x 65 cm, Lithos R. Marsens Lausanne.
Seite 50 Otto Ernst, Ascona, Tessin, Lago Maggiore, Schweiz Jahreskurort (1951), 101 x 70 cm, A. Trüb & Co. Aarau.
Seite 53 Martin Peikert, Sanrocco Lugano. Das moderne Kurhaus (1948), 63 x 102 cm, Farblitho, Kurhaus Sanrocco Lugano, Klausfelder AG, Vevey.
Seite 55 Pescini, Lugano, Südschweiz, Suisse méridionale, Southern Switzerland (1937), 102 x 64 cm, Già Veladini & Co. AG Lugano.
Seite 56 Romano Chicherio, Funiculare Lugano – Monte Brè (1968), 68 x 99 cm, Farblitho, Brügger AG Meiringen.
Seite 59 Otto Ernst, Bellinzona, Svizzera italiana, Suisse italienne, italienische Schweiz, Southern Switzerland (1936), 129 x 91 cm, A. Trüb & Co. Aarau.
Seite 60 Wilhelm Friedrich Burger, Muottas-Muragl – Engadin (1937), 100 x 63 cm, Lithografie mehrfarbig, J.C. Müller AG Zürich.
Seite 63 Otto Baumberger, 1. Int. St. Moritzer Automobilwoche 19.–25. August 1929 (1929), 90 x 128 cm, Farblitho, Gebrüder Fretz AG Zürich.
Seite 64 Emil Cardinaux, Palace Hotel St. Moritz (1921), 127 x 90,5 cm, Lithografie mehrfarbig, Palace Hotel, J.E. Wolfensberger AG Zürich.
Seite 67 Kern & Bosshard, Davos – Suisse – Switzerland (1945), 102 x 63 cm, Lithografie mehrfarbig, Verkehrsverein Davos, Gebrüder Fretz AG Zürich.
Seite 69 Willy Trap, Weltmeisterschaft Eishockey, Hockey-Club Davos 19. bis 27. Jan. 1935 (1935), 128,5 x 90,5 cm.
Seite 70 Carl Moos, Klosters Schweiz, Suisse, 102 x 64 cm, Gebrüder Fretz AG Zürich.
Seite 73 Viktor Rutz, herrliches Arosa (1935), 90 x 127 cm, Tiefdruck farbig, Verkehrsverein Arosa, Orell Füssli AG Zürich.
Seite 74 Arosa, Kur & Sport auf 1800 M. (1946), 129 x 91 cm, Kur- und Verkehrsverein Arosa, Wolfsberg Zürich.
Seite 76 Eric Hermès, Winter in der Schweiz (1936), 100 x 62 cm, Farblitho.
Seite 78 Arnold Bosshard, Lenzerheide, 1500 m. (1944), 128 x 90 cm, Farblitho, Eidenbenz-Seitz & Co. St. Gallen.
Seite 80 Herbert Libiszewski, Die Alpenpost erschließt neue Reiseziele (1930), 62 x 100 cm, Farblitho, PTT, J.C. Müller AG Zürich.
Seite 83 Anton Trüeb, Gotthard – Schweiz – SBB (1925), 10 x 64 cm, Lithografie mehrfarbig, SBB, Orell Füssli & Co. Zürich.
Seite 84 Ernst Friedrich Schönholzer, 9. Internationales Klausenrennen 6.–7. August 1932 (1932), 90 x 127 cm, Farblitho, ACS Schweiz, Gebrüder Fretz AG Zürich.
Seite 87 Hans Erni, Berner Oberland, Schweiz (1956), 102 x 63 cm, Tiefdruck mehrfarbig; Buchdruck einfarbig.
Seite 88 Emil Cardinaux, Polarhunde auf der Jungfraujochstation 3457 M.ü.M., Jungfraubahn Schweiz (1925), 103 x 65 cm, Wolfsberg Zürich.
Ausklapptafel E. Weber, Jungfraujoch (1969), 127 x 90 (x3) cm, Siebdruck.
Seite 89 Auch im Winter mit der Swissair (1939), 102x63,5cm, Tiefdruck.
Seite 90 Ernst Hodel, Mürren, Bergbahn, Funiculaire, Berner Oberland, Suisse, Switzerland, 1650 m.ü.m. (1932), 104 x 66 cm, H. Vontobel, Atelier Graphique Meilen.
Seite 92 Wengen Schweiz (1925), 102 x 63 cm, Lithografie mehrfarbig, Verkehrsverein Wengen, A. Trüb & Co. Aarau.
Seite 93 Klara Borter, Wengen Jungfraugebiet (1930), 127 x 90 cm, Lithografie.
Seite 95 Hans Thöni, Jungfraujoch. Besuchen Sie den Eispalast (1937), 69 x 99 cm, Farblitho, Vontobel-Druck Feldmeilen.
Seite 97 Eduard Stiefel, Skischnee bis in den Mai hinein. Scheidegg-Hotels Wengernalp u. Jungfraubahn (1928), 68 x 99 cm, Farblitho, Brügger AG Meiringen.
Seite 98 Karl Bickel, Trümmelbach, Lauterbrunnen, Schweiz (1931), 128 x 91 cm, Monogramm, Zürich Wolfsberg.
Seite 99 Ernst Hodel, Blausee, bei Kandersteg an der Lötschbergroute, das Kleinod der Berneralpen (1932), 127 x 90 cm, BLS, Huber, Anacker & Co. Luzern.
Seite 101 Alex Walter Diggelmann, Interlaken, Erholung, Sport, Unterhaltung, Saison April – Oktober, Schweiz (1946), 101 x 64 cm, Monogramm, J.C. Müller AG Zürich.
Seite 104 Alex Walter Diggelmann, Gstaad (1934), 127,5 x 90 cm, Lithografie mehrfarbig, Verkehrsverein Gstaad, J.C. Müller AG, Zürich.
Seite 105 Richard Gerbig, Thunersee, Das schöne Schweizer Feriengebiet, (1953), 100 x 64 cm
Seite 107 Hans Thöni, Bern (ca. 1935), 102 x 64 cm, Lithografische Anstalt Armbruster AG Bern.
Seite 108 Kornhauskeller Bern (1945), 64 x 102 cm, Farblitho, Kornhauskeller, Gebrüder Fretz AG, Zürich.
Seite 110 E. von Kager, Blick vom Kursaal Bern, Schweiz (1930), 63,5 x 101,5 cm, Farblitho, Lith. Anstalt Armbruster Bern.
Seite 113 Westschweiz. Arbeiter-Schwingfest Bern 28. August 1938 (1938), 70 x 100 cm, Farblitho.
Seite 115 Otto Landolt, Luzern (1936), 102 x 64 cm, Tiefdruck farbig, Verkehrsverein Luzern, C.J. Bucher AG Luzern.
Seite 116 Josef Ruep, Vierwaldstättersee, Dampfschifffahrt, Suisse, Schweiz, Switzerland (1918), 100 x 70 cm, Farblitho, A. Trüb & Co. Aarau.
Seite 118 Otto Ernst, Arth-Rigi Bahn (1925), 49 x 74 cm, Farblitho, A. Trüb & Co. Aarau.
Seite 119 Hans Jegerlehner, In der Schweiz führen die Elektrischen Bahnen mitten in die Wintersportgebiete (1950), 99 x 127 cm; 64 x 99 cm, Farblitho, SBB, Paul Bener Zollikon.
Seite 121 Otto Betschmann, Pilatus (1937), 102 x 64 cm, Farbentiefdruck, Roto-Sadag AG Genf.
Seite 123 T. Brunner, Swissair (ca.1940), 60,5 x 102 cm, Farblitho, Swissair, Arts Graphiques Lugano.
Seite 125 Karl Bickel, Zürich Strandbad (1928), 64 x 100 cm, Farblitho, Wolfsberg Zürich.
Seite 128 Charles Kuhn, Taxi Winterhalder 3 77 77 (1937), 90 x 127 cm, Farblitho, Taxi Winterhalder, Wolfsberg Zürich.
Seite 129 Otto Baumberger, Zürichsee (1935), 70 x 100 cm, Farblitho, Dampfschiffgesellschaft Zürich, Wolfsberg Zürich.
Seite 131 Hugo Laubi, Esplanade Werner P. May, Utoquai Zürich Stadttheater. Grand Café. Restaurant. Tea-Room. Bar. Hausorchester (1925), 90 x 127 cm, Farblitho, Gebrüder Fretz AG Zürich.
Seite 132 Emil Huber, Grand Café Odeon (1925), 90 x 127 cm, Farblitho, Grand Café, Art. Inst. Orell Füssli AG Zürich.
Seite 137 Herisau im grünen Appenzellerland (1946), 90 x 127 cm, Farblitho, J.C. Müller AG Zürich.
Seite 138 Charles Kuhn, Säntis Schwebebahn (1959), 102 x 64 cm, Lithografie mehrfarbig, Säntis-Bahn, J.E. Wolfensberger AG Zürich.
Seite 140 Ch. John, Bodensee-Toggenburgbahn, Schweiz (1932), 139 x 98 cm, Farblitho, Stab. Richter & Co.
Seite 142 Hans Schöllhorn, Bodensee, Rundfahrten mit SBB-Schiffen (1953), 128 x 90 cm, Lithografie, Schweizerische Bundesbahnen Publizitätsdienst, Wolfsberg Zürich.

IMPRESSUM

© 2010 by WALDE+GRAF Verlag AG, Zürich

Alle Rechte vorbehalten. Weiterverwendung und Vervielfältigung nur mit ausdrücklicher Genehmigung des Verlages gestattet.

Unser besonderer Dank gilt Hans Erni, der uns die Verwendung seines Werkes «Die Schweiz — Ferienland der Völker» erlaubt hat. Das Buchcover zeigt einen Ausschnitt dieses Bildes. Als Vorlage diente eine in dem Buch «Die Schweiz im Spiegel der Landesausstellung 1939» (Atlantis Verlag, Zürich, 1940) publizierte Farblithografie.

© 2010 by ProLitteris, Zürich für die Werke «Internationale St. Moritzer Automobilwoche 1929» (Seite 63) und «Zürichsee/1935» (Seite 129) von Otto Baumberger sowie für das Plakat «Sanrocco — Lugano — Das Moderne Kurhaus/1948» (Seite 53)

Die im Buch verwendeten Plakate sind der Sammlung des Museums für Gestaltung in Zürich sowie der Basler Plakatsammlung entnommen. Beiden Institutionen danken wir herzlich für die Bereitstellung der Bildvorlagen und für die Gewährung der Nutzungsrechte. Der Verlag hat sich darüber hinaus im Rahmen seiner Möglichkeiten bemüht, mögliche Rechteinhaber ausfindig zu machen. Sollte dennoch ein Werk publiziert worden sein, das die Rechte Dritter tangiert, bitten wir diese, sich mit dem Verlag in Verbindung zu setzen.

Die verwendeten Texte sind diversen alten Reiseführern entnommen. Unter anderem einem Band der Reihe der «Meyers Reisebücher» (Schweiz, 1920) und dem 1952 im Comel Verlag erschienen Buch «Schweiz 1952», das Eugen Fodor, einer der erfolgreichsten Reiseredakteure seiner Zeit, ursprünglich in englischer Sprache in seinem 1949 in Paris gegründeten Verlag «Fodor's Modern Guides» veröffentlicht hat.

Idee und Konzept: Peter Graf
Umsetzung: 2xGoldstein und Peter Graf
Mitarbeit: Samuel Schnydrig
Illustrationen und Karten (Vor- und Nachsatz): Betti Trummer, Hamburg (D)
Gestaltung: 2xGoldstein, Karlsruhe (D)
Lithografie: Johannes Rühlmann, Scans & Digitale Archive, Berlin (D)
Bildretusche: Mareike Segg, Karlsruhe (D)
Druck und Bindung: Kösel GmbH & Co. KG, Altusried / Krugzell (D)

ISBN 978-3-03774-001-9
www.waldegraf.ch

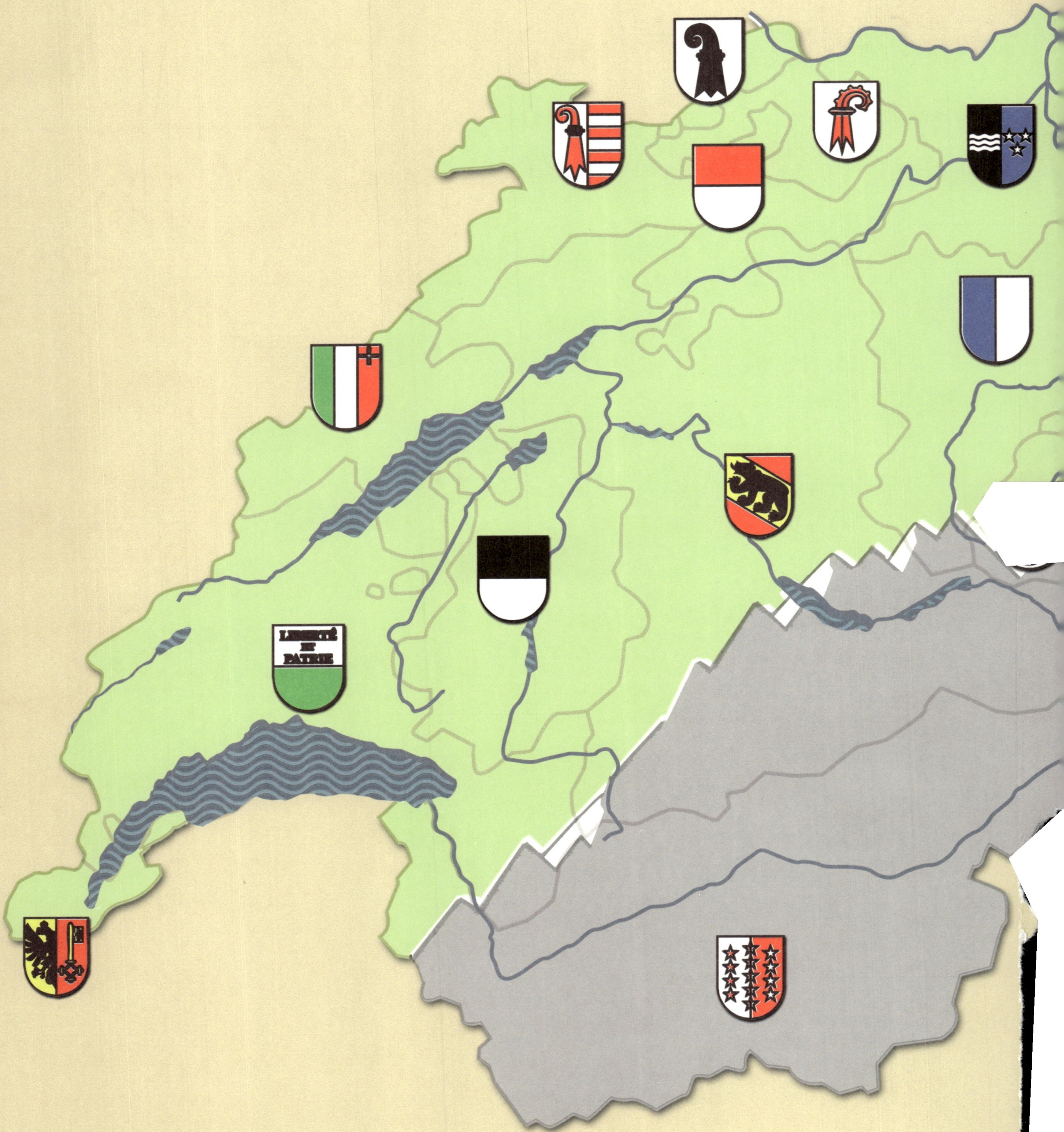

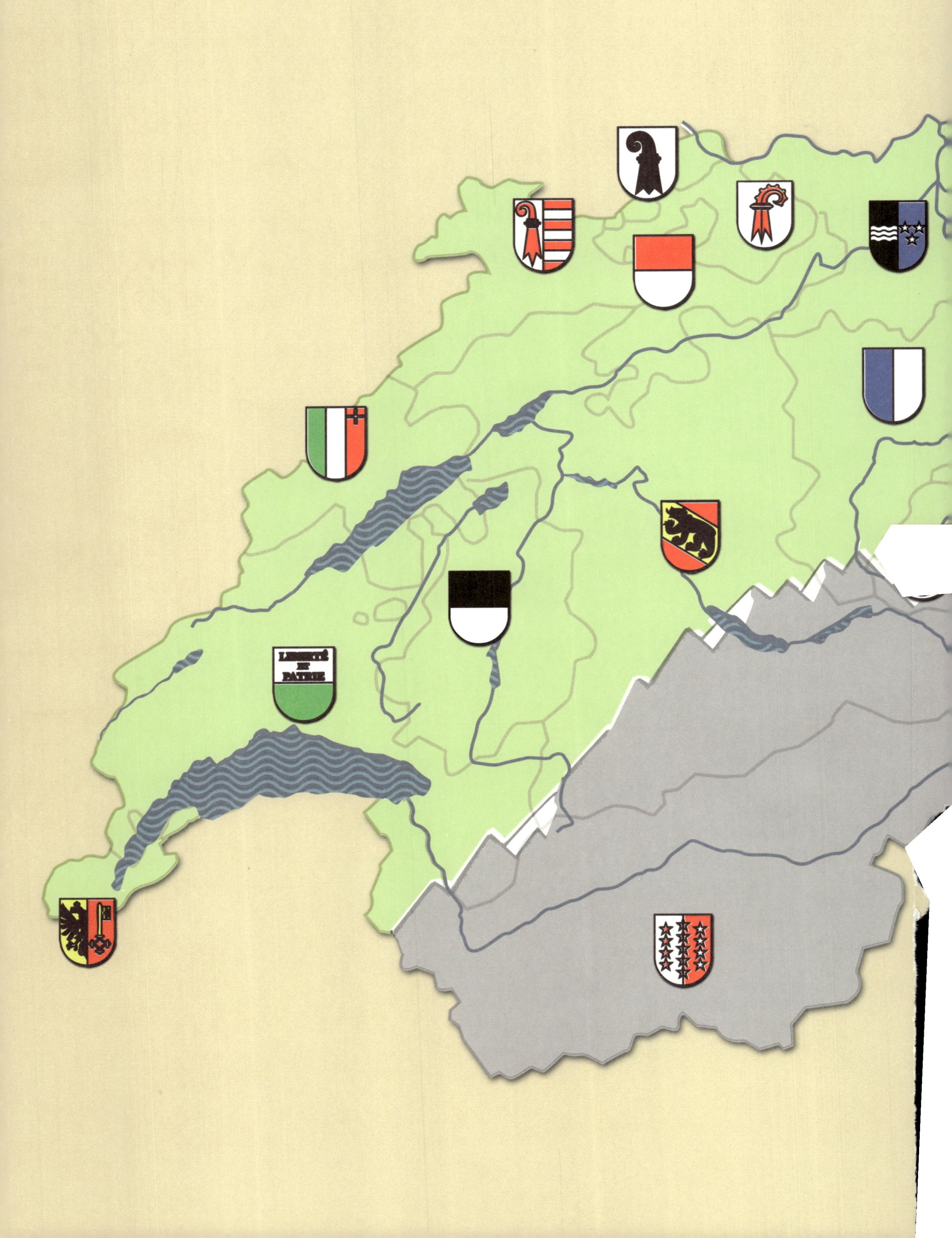